AF458448

AUGUSTE BARROIS

Le Falot de DIOGÈNE

Étude de mœurs parisiennes

PARIS
LIBRAIRIE DES AUTEURS FRANÇAIS
[illegible], RUE SAINT-ANDRÉ-DES-ARTS, 60
1889

LE FALOT
DE DIOGÈNE

AUGUSTE BARROIS

Le Falot
DE
DIOGÈNE

Étude de mœurs parisiennes

PARIS
LIBRAIRIE DES AUTEURS FRANÇAIS
66, RUE SAINT-ANDRÉ-DES-ARTS, 66

1889

L'OEUVRE DU CHIFFONNIER

I

L'ŒUVRE DU CHIFFONNIER

Diogène moderne,
Pour voir l'humanité,
Allume ta lanterne,
Il te faut sa clarté;
Fouillant les immondices,
Ton vieux crochet en main,
Va, découvre les vices
Du triste genre humain.

On m'appelle Diogène!...

Héritier du nom d'un grand philosophe de la Grèce venu au monde bien avant Jésus-Christ, je cherche à suivre ses traditions.

On a reproché à Diogène d'être cynique. Pour moi, je vous réponds que je ne le suis pas. Moraliste, cherchant à réprimer les abus et les vices, oui !...

Ah ! misère de Dieu !...

C'est que nous vivons à une époque où les vices et les abus sont tout, et que personne n'ose remuer ce qui sent mauvais.

Moi, en ma qualité de chiffonnier — c'est la profession libérale que j'exerce chaque nuit dans les rues — j'observe ce qui se passe autour de moi et dame !... tant pis, si je trouve des tas d'ordures qui ne sont pas ordinaires ?

Je fouille, je refouille dedans avec mon crochet, jusqu'à ce que les détritus soient complètement dispersés.

Ah ! malheur de malheur !... ce que j'en vois de drôles, de temps en temps !...

Matière !... tout n'est que matière ici-bas !... Ah ! misère de Dieu !...

Certaines matières ne tracent-elles pas

dans leur marche économique et industrielle un cercle complet?...

Un des exemples les plus frappants et les plus connus que l'on puisse citer de ce fait, c'est celui que nous offre la rotation des produits de la terre. Après avoir donné à l'homme leur substance alimentaire, ils retournent au réservoir commun sous forme de fumier et lui restituent de nouveau leurs sucs nourriciers. — C'est une véritable métempsychose organique.

Par exemple, la matière qui sert à faire le papier!... je puis vous en parler par excellence, moi qui suis chiffonnier :

L'origine du papier, voyez-vous, est de même ordre que celle du fumier, c'est-à-dire des plus basses et des plus viles, et combien en comptez-vous comme cela?...

Bugeaud avait bien raison de dire : Tout vient de la terre et tout y rentre : le travail et le savoir en font les produits.

Mais je ne veux pas vous parler de la fabrication et de la consommation industrielle du papier; ce qui, cependant, ne manquerait pas de vous intéresser : non; je veux que vous me suiviez dans mes pérégrinations nocturnes à travers Paris pour voir avec moi ce qui s'y passe.

Pour que vous me preniez à mon point de départ, il est bon de vous dire que j'ai élu mon domicile dans une tribu sédentaire de chiffonniers, situé là-haut, tout haut, à Belleville.

L'isolement et le calme de l'endroit sont tout à fait en rapport avec mon esprit indépendant et philosophe.

Ah! par exemple, notre campement est des plus pittoresques.

Si quelquefois vous vouliez, par pure fantaisie, visiter *La villa des chifortons,* venez nous voir, nous vous recevrons comme des amis et nous vous ferons comprendre notre philosophie qui seule nous donne, dans les mauvais jours, l'indépendance et la fraternité qui règnent entre nous tous.

Enfin, je vais essayer néanmoins de vous dépeindre, comme je le pourrai, *notre villa* qui, après tout, en vaut bien une autre !... — serait-elle située dans le noble faubourg Saint-Germain ou aux Champs-Elysées ?... — parce que l'honnêteté et le bonheur y règnent et que le vice et la débauche — ces deux plaies sociales — y sont complètement inconnus.

Figurez-vous, de çà et de là, des bicoques recouvertes de toile goudronnée, de tuiles multicolores ou de planches en bois, avec lattes, sur lesquelles sont cloués des débris de boîtes à sardines.

Quant aux murs, ils sont faits de toutes sortes de matières trouvées dans *le tas*.

Un peu plus loin, de vastes hangars servent de magasins aux loques de tout Paris.

Des quantités innombrables de balles de chiffons de toutes nuances sont entassées les unes sur les autres.

Ah ! malheur de malheur !... venez donc voir çà !...

A terre, quel pêle-mêle !... Là, des morceaux d'étoffe de couleur douteuse; des toilettes fanées de marquises et de comtesses, se coudoyant avec les débris des vêtements de bure de l'ouvrier. Ici, les restes d'une opulence passée; à côté, le souvenir du travail, des privations, des luttes et de la misère.

Tout ne va-t-il pas à la hotte du chiffonnier ?...

Avez-vous songé, parfois, belle lectrice, qui confiez vos ordres et vos pensées les plus intimes à ce feuillet, frais et lustré, parfumé, peut-être, orné de vos initiales, sans doute, par quelles vicissitudes, par quelles pérégrinations, il a dû passer jusqu'au moment où il s'est présenté sous votre main élégante?...

Non !... n'est-ce pas ?

Eh bien !... je vais vous en dire un mot.

Mes collègues et moi, armés d'un crochet et d'une hotte sordide, nous parcourons, la nuit, toutes les rues de la capitale, visitant les tas d'ordures et d'immondices amoncelées sur la chaussée, lesquelles renferment les débris et les déchets des ménages et des ateliers des quartiers populeux; des salons et des palais des quartiers opulents.

Là, nous choisissons, entre mille objets sans nom, les lambeaux de laine, de coton, de chanvre, de vieux papiers... cela, pour le besoin de l'humanité, puisque l'on refait du papier avec ces objets.

Ah ! misère de Dieu !... nous trouvons

bien d'autres choses encore, mais de celles-là, l'humanité n'a plus besoin, du moment qu'ils sont aux tas d'ordures; mais n'énumérons rien.

Puis, une fois notre fouille faite, nous allons un peu plus loin, à la recherche des nouveaux haillons, de nouvelles loques.

Les loques à terre ne nous manquent jamais et cependant nous ne sommes pas propriétaires, loin de là !...

Sur la surface de toute la capitale, une armée innombrable de confrères sont adonnés au travail nocturne de la recherche du chiffon : cette récolte est incessante, quotidienne, générale. Pourquoi ?... Parce que la pensée humaine a un besoin constant de s'épancher sur le papier.

Le chiffonnier est aussi nécessaire, aussi urgent à l'esprit, que le boulanger l'est au corps.

Va, chiffon sordide, va ressusciter le papier éblouissant de blancheur!...

Va, tu es, malgré ta laideur première, l'instrument, par excellence, de la civilisation!...

N'est-ce pas, en effet, toi qui en es le plus puissant véhicule?... Agent aussi admirable que le chemin de fer et le télégraphe électrique auxquels tu préparas les voies, n'est-ce pas toi qui crées la communion des intelligences, en circulant partout?...

N'est-ce pas toi qui propages les arts, les lettres, les sciences, les conceptions de l'homme sous les formes les plus diverses, les plus nuancées?...

N'es-tu pas le support de la pensée universelle et le point d'appui du levier intellectuel?...

Mais assez de philosophie comme cela, pour l'instant!... Je m'arrête de penser et de bavarder; car voici l'heure de mon travail nocturne qui arrive. Je vais allumer mon falot; mettre ma hotte sur le dos; prendre mon crochet en main, et, si vous voulez bien m'accompagner, nous allons descendre dans Paris, où, à la lueur de ma vieille lanterne, nous allons voir les tas d'ordures qui sont déposés par-ci par-là.

Sachez que je parcours, tour à tour, chaque quartier. Je vous en avertis, si vous voulez me suivre.

Surtout, ne vous étonnez pas de m'entendre chanter un vieux refrain satirique, chaque fois que je commencerai mon travail; c'est mon habitude. Puis, de mon naturel, je suis très gai; cela tient de famille !...

Allons !... puisque mon falot est allumé, venez; vous allez juger si ma hotte d'osier ne rend pas des services à l'humanité !...

En avant, mon vieux refrain !...

La fille du bitume,
D'un pas agile et sûr,
Sort comme de coutume
De son endroit obscur ;
Son œil noir ensorcelle
Le passant qui la suit ;
Voilà ce qu'on appelle
L'hirondelle de nuit.

Comment ! il est une heure au café de la Cascade ?... Sapristi !... je ne suis guère en avance pour mon travail !

Je vais à la Madeleine, et je ne suis encore qu'à la Porte Saint-Denis !

Allons, allons, Diogène, mon ami, marche d'un pas plus agile.

Ah ! que vois-je là sur le boulevard Bonne-Nouvelle ?...

Quelle multitude féminine ?...

Qu'est-ce que cela ?...

Regardons à la lueur de mon falot.

Mais je ne me trompe pas !... cette foule est tout bonnement de la prostitution en promenade, et des gommeuses du demi-monde et même du quart du monde !...

Vite, mon crochet en main !... Voilà du travail qui se prépare !

Ah ! quel joli tas d'ordures !...

Profites-en, Diogène, mon ami, tape dans le tas !...

Ah ! misère de Dieu !... Qu'est-ce que c'est que toutes ces prostituées, ces filles nocturnes ; ce philloxera des boulevards parisiens ; la plaie, la peste et le choléra de la grande cité ?...

Qu'est-ce ?... Je vous le demande.

Mais ce sont tout simplement des ingénues, filles d'un *gniaf* et d'une poseuse de sangsues, nées dans la loge d'un concierge !... Elles commencent par aimer un sculpteur en têtes de pipes qui leur flanque des calottes ; puis, six mois après, elles adorent un clerc d'huissier qui leur change leur robe d'indienne contre un faux chignon jaune et des peignoirs décolletés.

Ensuite, ces Vénus-là se lancent dans la vie à grandes guides; soupers, galas, jeux, bals publics; elles sont partout; rien ne leur échappe.

C'est alors qu'elles s'appellent : Merveilleuses, Gandines, Cocodettes, Cocottes, Gommeuses, Horizontales ou Spchutteuses; maintenant, je ne sais plus le nom qu'il faut leur donner. Tout ce que je puis vous dire, c'est que c'est un petit animal musqué, botté, enchignonné, blasé et, aux trois quarts anémié, qui cherche à se loger dans les cœurs, sans payer de terme.

Ah! malheur de malheur!... Çà parle argot comme un gavroche de faubourg, çà boit de l'absinthe comme un capitaine en retraite, c'est polissé comme un hérisson, çà fume comme le tuyau d'un bateau-mouche, çà tutoie son concierge et çà ronge les porte-monnaie... quand çà ne ronge pas autre chose... C'est capitonné comme une voiture de déménagement pour la province, mastiqué comme un carreau, peint comme un vieux tableau du musée de Cluny, récrépit et plâtré comme un pan de mur mitoyen. Ce n'est pas une femme!... — C'est une truellée au sas!

Et tous ces crevés qui suivent cette multitude la bouche en cœur!... Qu'est-ce que tout cela?... Retournons donc mon falot de leur côté?

Tous ces faux muscadins, rachitiques qui sortent du maillot et qui s'enrhument au premier coup de vent!... Qu'est-ce encore que ces ratatinés-là?...

Ah! misère de Dieu!...

D'après un mathématicien, c'est rien, égal zéro; c'est un mannequin à la mode qui tient le milieu entre le saucisson de Lyon et la quille à Mayeux; c'est un asteck frisé et prétentieux qui se traîne sur le boulevard avec les restes d'un cigare à dix centimes et des vêtements copiés sur ceux de son portier.

Çà prend le *Cid* pour un instrument et *Corneille*, pour un horloger de Besançon. Avec un carreau dans l'œil, çà grimace comme des chimpanzés :

Ce ne sont pas des hommes ; ce sont des ouistitis perfectionnés.

Aux bains de mer, on dirait un mouchoir de poche qui se promène sur deux cannes à pêche.

Au bal, çà fait l'effet de queues de billard en caoutchouc.

Sur le boulevard, on croirait voir des flûtes à café qui se promènent dans un étui à clarinette ; et quand c'est couché, on dirait une paire de pincettes en convalescence ; çà ne tient pas debout sur ses jambes.

C'est spirituel comme un crétin, fort

comme un roseau et pâle comme un pierrot de carnaval. On dirait une lune qui s'est purgée le matin; c'est à en faire rougir l'hippopotame!... Allons, Diogène, un bon coup de crochet dans toutes ces rognures d'hommes-là!...

Prenez garde à vous également, Messalines du trottoir, filles de l'assommoir qu'on ne voit que le soir!... Rangez-vous!... Place à ma hotte!...

L'honnêteté doit passer avant le vice et la débauche!!!

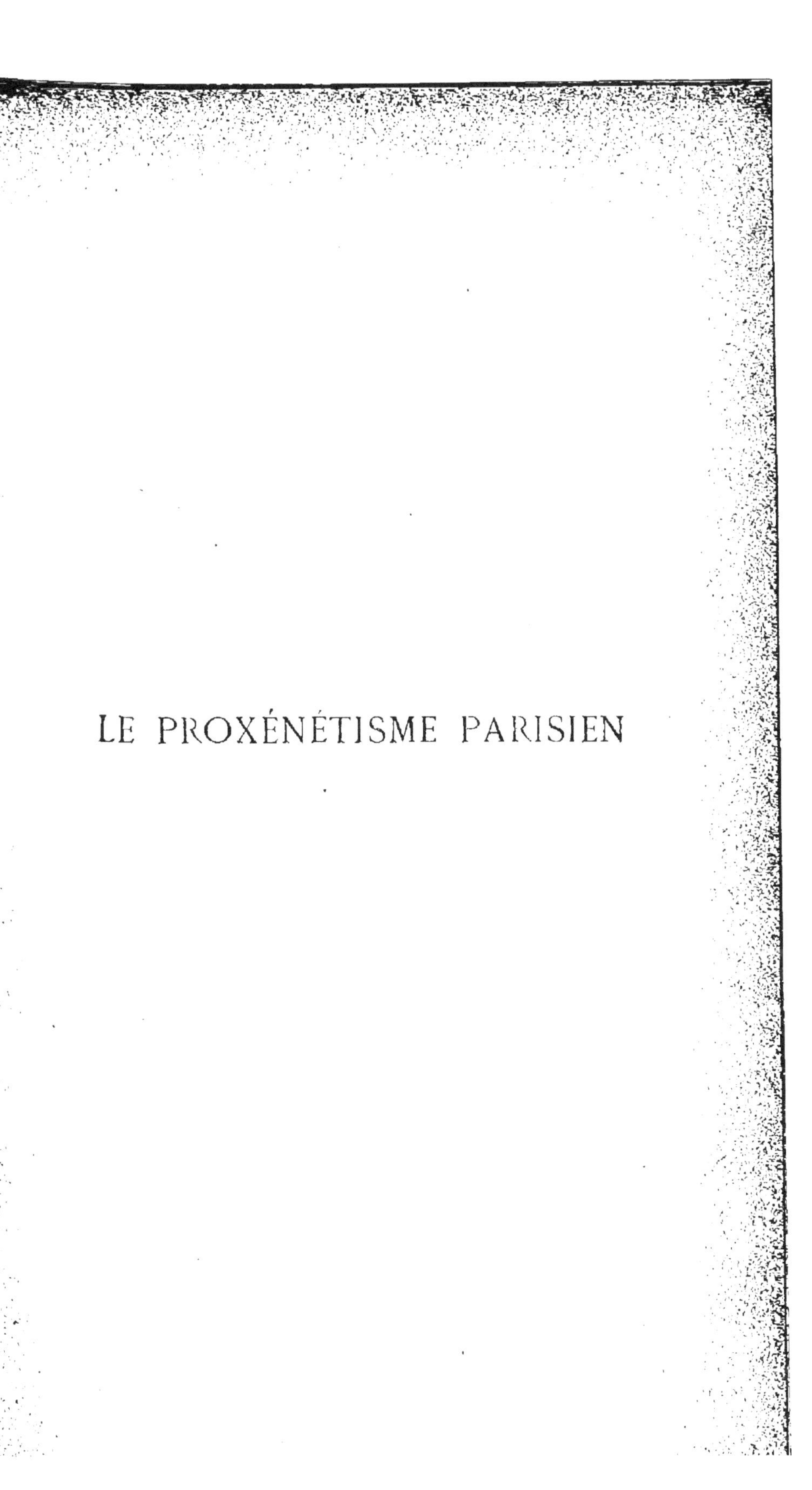

LE PROXÉNÉTISME PARISIEN

II

LE PROXÉNÉTISME PARISIEN

> A la hotte!...
> Les vieux papiers, les vieux chiffons!
> Tout finit ainsi, dans la crotte,
> En tout barbotte
> Dans le panier que nous portons.

C'est donc vrai que cela existe, le proxénétisme parisien de haute volée?...

Ah! misère de Dieu! on me l'avait cependant dit bien des fois; mais je ne voulais jamais y croire!

C'est dans le quartier de la Madeleine que se tiennent ces sortes de maisons qui font le commerce d'amours... pour le monde qui veut se vendre.

Quelle dégoûtation humaine !

Entrons donc jeter un coup d'œil là dedans et, pour ce soir, déposons notre hotte sur le palier : mon crochet et mon falot suffiront et au cas où j'aurais besoin de ma hotte, elle sera toujours à portée de ma main.

Tiens !... il y a deux entrées ; celle des gens sérieux qui ne veulent pas se faire voir et celle des badauds comme moi qui ne connaissent point les usages de la maison.

J'entre par la première entrée ; cela me permettra d'observer plus à mon aise.

Diable !.. on a pensé à tout en montant cette maison. D'abord, voilà des dames, à l'aspect respectable, qui sont chargées de certaines négociations délicates, présentant en apparence des difficultés avec les clients.

Ah ! nous y voilà !

Bigre !... le tarif est bien élevé, il me

semble, et il y a, peut-être, beaucoup à redire sur la qualité des primeurs.

Mais l'illusion y est ; les habitués de ces lupanars dorés n'en demandent pas davantage.

Ah ! malheur de malheur !..

Enumérons donc tout ça par catégories !

Il y a là ; le tas des malheureuses que la tyrannie de l'homme pousse à la prostitution ; de celles qui sont rivées à des goujats, cherchant à faire venir l'eau au moulin.

Le tas des dépravées, des sensuelles qui sont affolées de l'inconnu chez l'homme ; celles à qui il faut un mâle, n'importe lequel.

Des femelles, quoi !

Mais des femelles, sans autres inspirations que leur instinct qu'elles cherchent sans cesse à assouvir, véritables chiennes aux flancs creux, cherchant l'accouplement dans les hasards de la rue ou du carrefour, avec des soifs de courtisanes *malpropres*, pour ne pas me servir d'une autre expression.

Puis, vient le tas des femmes qui ont le désir inextinguible des étoffes, des soieries et des bijoux, désir que les maris ne peuvent satisfaire; elles trouvent dans ces maisons-là tout ce qu'elles cherchent.

Il reste encore le tas de celles que la misère, les jours sans pain et la maison vide d'argent ont jeté dans ce déversoir du vice.

Elles sont nombreuses.

J'allais oublier les dames pourvoyeuses; celles-ci font presque toujours partie d'une bonne œuvre, en même temps; ce qui leur permet de se présenter un peu partout sans que l'on puisse violer l'incognito de l'entremetteuse.

Ah ! misère de Dieu !.. que tout çà sent

mauvais à remuer!... c'est du véritable fumier, quoi!...

Je vous avoue qu'il faut réellement avoir du courage pour faire un travail semblable!...

C'est là dedans que les gros bonnets de la dépravation viennent faire emplette de chair humaine.

Notez bien que ce sont presque tous des hommes âgés, à l'air respectable.

Ça donne le change.

Il y en a même un qui, un jour, dans cette maison, ayant un faible pour l'âge tendre — il fallait des primeurs à ce délicat — osa demander des gamines.

Ses désirs ne furent point satisfaits parce qu'on lui fit comprendre que les fillettes, cela faisait du bruit... que cela crierait... que c'était bête... qu'au bout, il y avait la police correctionnelle et que ces sortes d'affaires-là ne s'étouffent pas toujours.

Ah! misère de Dieu! quel coup de crochet, je donnerais dans le tas de ces saletés !...

Ah ! ça ! me direz-vous, où sont-ils donc ces êtres-là ?

Eh ! misère de Dieu !... vous les coudoyez tous les jours dans la rue ; mais ils ont changé de masque ; ils ont repris leurs figures paternes.

Je voudrais pour eux, non seulement qu'ils soient tous démasqués, mais encore les trouver expirants sur les tas d'ordures que je fouille.

Alors, avec Lamennais, je leur crierais :

« Les jouissances de la vie n'ont été
« pour vous que celles de la brute
« déchaînée. Vous avez aimé la boue,
« pourrissez dans la boue !!! »

Car enfin, de tous ces hommes, ayant à faire figure dans le monde et professant à l'extérieur des principes de morale, que reste-t-il ? qu'une sorte de bête en rut, sauvage et odieuse, sans retenue et sans frein.

Dans cette dégradation absolue — apothéose inévitable de l'homme pourceau — des êtres humains se vautrent avec toute la brutalité des instincts malpropres.

Le tas d'ordures est doré ; mais il n'en est pas moins, un tas d'ordures.

J'en ai connu un, dans le temps, de ces saligauds-là. Il écrivait, si je crois me rappeler, dans un journal de sacristie qui sentait l'eau bénite à dix lieues de ses bureaux.

Le lendemain d'une débauche avec des fillettes — c'est peut-être même dans la maison où je suis, en ce moment — il faisait paraître dans son journal, un article à sensation, ayant pour titre :

Des Vertus civiques et de Morale privée.

Il déplorait dans sa prose, en termes bien sentis, notre décadence sociale, l'immense besoin de bien-être qui nous envahit et nous étiole et cette pente fatale qui nous conduit au sybaritisme.

Tenez, au fait, je crois qu'il me reste encore un fragment de cet article que j'ai trouvé le jour même dans une boîte due à l'invention de M. Poubelle.

Après avoir parlé de notre civilisation vermoulue, voici comment il concluait...

Ecoutez-moi ça ?

« Le monde s'en va, tué par l'immo-
« ralité qui ne songe plus à se déguiser,
« par l'oubli de soi-même et par l'aban-
« don de toute dignité individuelle.

« L'empire des sens, joint à une folie
« de l'intellect, l'emporte, même sur les
« plus vulgaires considérations du plus
« vulgaire décorum.

« Comme a dit le poète, les temps sont
« revenus de Claude et de Tibère ; la
« contagion nous gagne et une seule chose
« peut enrayer le mal, une seule ! J'en-

« tends parler du bon exemple de ceux « qui sont en haut, donné à ceux qui « sont en bas ; ceux-ci peuvent avoir pour « excuse dans leurs écarts, l'ignorance et « les tristesses continuelles d'une vie sans « espoir.

« A ces déshérités, nous devons appor- « ter la parole qui console et qui relève « sans oublier l'action qui complète la « parole.

« Telles sont les pensées qui doivent « animer tous les honnêtes gens. »

Ah! misère de Dieu!... Est-ce assez complet ?...

Judas a vendu Jésus. Vous, vous faites plus ; vous l'avilissez tous les jours !...

Ah ! croyez-moi, ce n'est pas Rousseau, ce n'est pas Voltaire, ce n'est pas la philosophie qui tue la foi!... c'est vous !... Vous qui mêlez vos débauches à vos morales ; vos saletés aux bonnes œuvres !...

De la religion qui devrait être partout respectée, vous en faites une doctrine de parade, dont notre société se meurt parce qu'elle dissimule trop mal ses plaies hideuses et ses vices sans nombre et sans nom !...

Quand on voit vos ordures s'étaler au grand jour, comment voulez-vous que les déshérités de ce monde, pour qui la vie est un enfer, qui souffrent du froid l'hiver, dans le logis sans pain, ou qui errent dans les carrefours sans asile, moins heureux que les animaux les plus vils, comment voulez-vous que ces infortunés aient la foi ?... Surtout, quand ils voient des hommes comme vous se faire les champions de la morale, au nom de la religion, sans convictions réelles, sans mettre leur vie d'accord avec leurs paroles, cela, pour se frayer une voie dans le monde ?... Quand ces malheureux sentent que les vices que vous condamnez, vous les possédez tous, que votre existence recèle des mystères ignobles, honteux, le désespoir serre leur cœur; ils grincent des dents et ils montrent le poing au ciel en blasphémant.

Qui est cause de ces blasphèmes?...

Vous!... vous seuls, orduriers!...

Ah! misère de Dieu!... je n'ai pas fini!... vous m'écouterez jusqu'au bout; vous savez bien que je ne m'intimide pas, moi!...

Ah! je vous connais bien, allez!... avec vos trafics, vos tripotages, vos transactions malhonnêtes et vos saletés, le tout, toujours placé sous l'insigne de la croix!... Oui je vous connais, vous qui souillez nos filles et salissez nos croyances!... vous, les hommes probes et austères qui vous commettez avec la première catin venue.

Si le Christ revenait un jour, armé de son fouet, comme autrefois sur les marches du temple de Jérusalem, il vous chasserait comme on chasse des êtres abjects et inutiles, comme des êtres louches et venimeux, comme on chasse des forbans !

Il faudrait que nos temples soient détruits et que nos vierges soient dans les catacombes, pour que vous ne touchiez à rien.

Est-ce ainsi que nous devons exister et comprendre l'humanité ?...

Ah ! misère de Dieu !...

Je vous laisse; mais je vous avertis que j'aurai l'œil sur vous.

Ah ! ça !... qu'est-ce qu'on fait donc dans la pièce à côté ?...

Quel bruit !... quel vacarme !...

Si je me risquais à regarder par le trou de la serrure !...

Bah !... il n'y a pas de scrupules à avoir ici !

Ah! malheur de malheur!... Mais c'est une orgie!... je suis dans la Tour de Nesle moderne!...

Là, de la vaisselle brisée, des cristaux en pièces, des fleurs projetées en tous sens et cachant mal les taches de vin qui maculent la nappe; ici, des épingles à cheveux, des gants noirs, blancs et couleur de brique, la plupart déchiquetés; des lames d'éventails; puis, des bijoux, mais faux, perdus dans la bagarre; des houppes de poudre de riz; des jarretières, des rubans, au milieu de cigares à demi-consumés.

Et cette atmosphère!... quelle odeur étrange!...

C'est l'émanation de cette sentine du vice!...

Attendez un peu, je vais aller chercher ma hotte sur le palier et ramasser tout ça!...

Allez !... les vieux chiffons, les rubans, les faux chignons, vestiges de cette orgie immonde, traces irrécusables de cette débauche cynique, au panier d'osier !...

AU QUARTIER LATIN

III

AU QUARTIER LATIN

> Séduit par vous, plus d'un enfant prodigue
> Entre vos bras, rêve enfin, le bonheur,
> Et met la main sur la dernière digue
> Qui, contre vous, protégeait votre honneur;
> Que vous importe !... un autre le remplace.
> Un soir d'orgie, et tout est oublié...
> Filles de marbre, arrière, et faites place
> A la vertu qui passe et marche à pied

Ah ! misère de Dieu !... cela n'en finira donc pas ?... Voilà que tous les commerçants du quartier Latin se plaignent avec juste raison de ne pouvoir dormir tranquilles toutes les nuits, par suite du tapage infernal qui sort des brasseries à femmes, dont tout ce quartier pullule aujourd'hui.

Ah ! malheur de malheur !... c'est pire qu'une peste, ces sortes d'établissements !... Puisque je me trouve ce soir par ici, je vais tâcher de remuer tous ces tas de fumier d'un bout à l'autre.

D'abord, avant tout, je conseille à tous les patentés plaignants de se grouper, de s'unir, de se syndiquer pour obtenir, par une pétition d'ensemble auprès du préfet de police, la fermeture de toutes ces véritables *boîtes à grenouilles*, de ces tanières, de ces cavernes modernes, où tous les jeunes gens de la génération actuelle viennent chercher un amour de mauvais aloi.

Misère de Dieu ! on n'inventera donc pas une poudre à *punaises* pour détruire cette vermine-là.

En avant, mon vieux crochet !... ne cherche pas à bouder au travail, car je te promets qu'il ne va pas t'en manquer encore ce soir.

Pétitionnez, ô patentés ! pétitionnez en chœur et je vous jure que vous ne serez pas les seuls à protester ; que votre exemple sera suivi par une masse de personnes qui, comme vous, sont honteuses de voir l'extension vraiment scandaleuse que prennent ces gargotes immondes.

Vous me rendrez d'abord un grand service ; car je suis vraiment débordé de travail, à force de fouiller les détritus qui vont s'augmentant chaque jour.

Comment voulez-vous, avec des ordures pareilles, que le choléra, le typhus, la peste et autres épidémies ne viennent pas à Paris un de ces jours.

Mais c'est une chose avérée !...

Tous les étudiants de bon sens et de bonne foi en ont également assez.

N'est-ce pas, en effet, honteux de voir ainsi, s'agglomérer ces tas de résidus infects ?...

Allez voir ça !... parcourez le quartier

latin — seulement cinq ou six rues — et vous verrez, à chaque pas que vous ferez, s'étaler des enseignes que, certainement, vous ne connaissiez pas dans votre jeunesse.

Au-dessous de ces enseignes, vous remarquerez un trou noir dans le jour et mystérieusement éclairé la nuit, par des lustres ornés de verroteries ou tamisés par des vitraux, soi-disant antiques. C'est là qu'opèrent deux êtres ignobles : la fille de brasserie, reconnue ouvertement pour exercer la prostitution, et le patron du bouge, vivant uniquement des profits illicites que la fille accumule dans son établissement.

On boit, là dedans, d'exécrables boissons ; on se grise et l'on joue ; mais le véritable but ; c'est d'offrir aux tout jeunes gens qui passent par là, des séductions charnelles. — Ah ! que ne puis-je ramasser tout çà avec mon crochet pour le jeter au fond de ma hotte !... — Brrou !... rien que d'y penser, il me semble sentir le vieux lard rance !...

Eh ! bien, ces séductions charnelles ou carnivores que je ne voudrais même pas toucher du bout du doigt, réussissent cependant tous les jours à tromper les faibles, les naïfs, les timides, les clients forcés de ces lupanars modernes, dont Paris est infecté de tous les côtés.

Ah ! malheur de malheur !... J'en compte, au moins, une cinquantaine dans le quartier latin de ces maisons-là :

Le Faucon noir, la Plata, l'Apollon, le Coucou, le Furet, le Coq-Hardi, le Tir-Cujas, le Hainaut, le Bon bock, le Murger, le d'Harcourt, le Bas-Rhin, les Folies-Latines que les étudiants appellent volontiers *les Folies-Latrines; la Chouette, le Bar, le Caprice, le Lapin, Brasserie du Collège de France, le Pantagruel, la Cigarette, le Racine, la Brasserie Suisse, le Lapin blanc*. J'en passe, et des meilleures, où la marchandise est bien cotée.

N'est-ce pas là, de la prostitution dans un café ?... Quelle différence trouvez-vous entre ces établissements et les maisons dites de *tolérance* que l'on voit encore sur certains boulevards extérieurs et même, en plein cœur de Paris ?...

— Il en existe encore rue Feydeau, près de la Bourse.

Les maisons dites de *tolérance* mettent leur cachet sur leurs boutiques. En les voyant, on sait, au moins, ce que c'est ; il n'y a pas d'erreur possible pour les faibles, les naïfs et les timides. Ceux qui entrent là, savent assurément où ils vont ; que la marchandise soit fraîche, falsifiée ou endommagée, tant pis pour eux !... Ils l'ont voulue ; ils n'ont pas à s'en plaindre !...

Mais dans toutes ces brasseries de filles de joie, ouvertes à tous les passants, sous l'aspect d'un café, ce n'est plus la même chose : on est d'abord trompé par la forme et l'on entre dans le vice ignoble couvert par l'artifice de la ruse et du mensonge !...

Et dire qu'il y a cinquante cavernes à filles comme cela dans le quartier latin ?

Ah ! misère de Dieu ! si ce n'est pas dégoûtant !...

Cinquante *Bouis-bouis*, chiffre rond !... Or, mettez six filles en moyenne dans chaque établissement, et vous avez un total de trois cents prostituées qui guettent l'étudiant, l'attirent et le dépouillent.....

Quand elles ont passé — presque toutes, je vous l'affirme — par l'hôpital de Lourcine, où l'on ne soigne pas précisément les rhumes de cerveau.

Quel fumier !... Ah ! malheur de malheur !... Et dire que ce sont là les haltes qui attendent les jeunes provinciaux dans leurs pérégrinations médicales ou juridiques à travers le quartier studieux de la capitale!...

Braves gens de province!... pères de famille, qui destinez vos fils à des professions de médecins ou d'avocats, gardez-les chez vous tant que vous n'apprendrez pas que d'un seul coup, le préfet de police a fait fermer les cinquante brasseries à femmes du quartier qui fut cher à Henri Murger.

Ah! si je pouvais, à moi seul, enlever toutes ces ordures!... je débarrasserais en même temps tous les commerçants qui sont gênés par l'entourage de ces lupanars!... mais avec toute ma bonne volonté, ma hotte est trop petite; elle ploierait sous la charge. Il serait préférable de prendre plusieurs tombereaux de *boueurs* et, un beau matin, à l'aube, avant que Paris ne soit levé, de faire enlever tous ces tas d'immondices et d'aller les déposer aux alentours de la ville dans un marais quelconque.

Là, au moins, ces impuretés trouveraient leurs places. Et encore, je craindrais fort que leurs miasmes ne corrompent les *grenouilles,* habitantes de ces endroits !...

Ah ! misère de Dieu !... où donc est mon crochet que je tape dans le tas, éclairé de mon vieux falot ?... Car il n'y a pas à le nier, chacun peut voir tout ça, à droite et à gauche !... Ces caboulots à femmes s'ouvrent insolemment sur les grands boulevards, sur les grandes rues et étalent leurs vices aux regards de tous !... La fille est là, son petit sac à la ceinture, attendant *les bonnes têtes*, selon son expression, lesquelles vont lui payer très cher plusieurs bocks ou verres de tord-boyaux et offrir à ses yeux abrutis par l'orgie, de mirifiques pourboires, de ces pourboires qui feraient la joie de dix garçons de café.

C'est le prélude... C'est le stage !...

Après ce stage assez long et fécond en dépenses, celui qui a l'avantage de plaire à la fille, devient pour quelque temps son « *bébé chéri* ». Quinze jours après, il est généralement atteint de maladies honteuses que je ne peux vous retracer.

Ah! malheur de malheur!... n'est-ce pas horrible pour ces pauvres petits collégiens de quinze à dix-huit ans qui sortent seuls, ou qui s'échappent des mains de leurs correspondants, de venir échouer là dedans, sans défense, attirés par l'occasion facile, les yeux « *expressifs* », les paroles lubriques et sentimentales ?

Il faut les voir, ces jeunes *potaches*, boire leur mois ou leur semaine, d'un seul coup ! Ensuite, on fait une dette par-ci, une dette par-là... papa est là, pour payer. C'est le commencement d'une vie d'entraves, d'ennuis, de déboires et de misère !...

Quand ils entrent dans un caboulot de la sorte, la fille de brasserie les entortille, comme une pieuvre avec ses lanières, les flatte, les caresse dans la pénombre voulue de l'établissement.

Elle les fait d'abord *consommer* jusqu'à épuisement de pièces blanches ; puis, elle promet de se donner corps et âme... le dimanche suivant, parce que la semaine qui marche... elle est prise jusqu'au samedi.

Mais le dimanche suivant, c'est comme chez le barbier qui rase gratis le lendemain. C'est toujours remis de semaine en semaine, jusqu'au jour... *tant désiré*, où enfin, le jeune homme obtient ce qu'il ose appeler *une faveur* et souvent ce qu'il n'ose confier qu'au pharmacien : ces deux choses vont généralement ensemble.

Le *potin* qui se fait dans ces maisons là, à minuit, est au-dessus de toutes descriptions.

L'étudiant, quand il est gris, — et cela lui arrive encore assez souvent — éprouve le besoin de chanter, de g..., de faire du bruit. Alors, quand il se trouve dans ces repaires de la prostitution, le patron et les filles le laissent beugler, danser et pirouetter à son aise, ôter même ses habits et faire le fou, pourvu qu'il paie ses consommations et la *casse*.

Sa modeste pension y passe, quand sa santé n'y reste pas.

Puisque les filles de brasserie, ni les patrons qui vivent de leur débauche ne sont intéressants, je ne vois pas pourquoi on ne prendrait pas une mesure de salubrité générale, comme je le disais tout à l'heure, en faisant une razzia de tout ce monde-là.

Ah ! où est le bon vieux temps du *Bœuf à l'huile,* de la *Chaumière* et même *du Chalet,* ce qui est plus récent ?...

Au moins, à ces époques, on trouvait encore à s'amuser assez joyeusement !...

Que monsieur le Préfet de police me permette, à moi, pauvre chiffonnier, de lui donner un bon conseil, au nom de la jeunesse du quartier Latin.

Qu'il ferme toutes ces boîtes à *grenouilles*, d'un seul coup, par un arrêté préfectoral et qu'il laisse installer à leurs places un ou deux *beuglants* comme ceux que nous venons de citer plus haut et qui faisaient la joie de nos pères.

Or, là, l'étudiant actuel ne risquerait pas, au moins, sa santé et pourrait avoir tous les plaisirs qu'il convoite ailleurs et donnerait librement essor à ses poumons.

Ah ! malheur de malheur !... J'espère que l'on ne va pas m'accuser de présomption maintenant, parce que je dis où se trouve le mal et que j'indique un remède qui, selon moi, est, dans une question semblable, le seul, l'unique, capable de guérir la plaie qui s'étend sur la rive gauche de la Seine, et pour ne pas empêcher l'étudiant du *Boul' Miche* de s'amuser de toute autre façon.

Et tous ces commerçants qui se plaignent !... n'est-il pas temps également de prendre leur défense, de même que celle de la jeunesse des écoles ?... N'est-il pas temps de faire disparaître aux yeux des uns, les représentations de l'immoralité qui s'étale à leurs portes, sur leurs trottoirs, devant leurs enfants qui fuiraient les bons sentiments, et d'empêcher les autres de se flétrir honteusement ?...

Et maintenant, en avant !... travaillons ferme. Un coup de crochet à droite, un coup de crochet à gauche sur le premier tas qui se trouve devant moi !...

Ah ! misère de Dieu !!!

Quel empuantissement !!

UTOPIE ET CHARITÉ

IV

UTOPIE ET CHARITÉ

> Protégeons l'enfance,
> La vieillesse, aussi.
> Nous aurons, je pense,
> Assez de souci.
> Soyons charitables
> Pour le genre humain;
> Aimons nos semblables,
> Aujourd'hui, demain...

O charité !... charité !... combien de gens qui, se drapant dans ton manteau, commettent d'erreurs et d'abus en ton nom, tout en croyant te servir !...

C'est singulier comme le hasard vous conduit bien quelquefois !... Tout en chantant ce refrain qui m'était venu dans la tête, me voici arrivé précisément rue de Grenelle, devant la porte de la Société protectrice des animaux.

A cette heure-ci, on ne me permettrait certes pas d'entrer dans cet établissement, vu que l'on ferme les bureaux à cinq heures du soir pour ne les rouvrir qu'à neuf heures du matin !

Mais qu'importe, après tout : j'y suis allé maintes et maintes fois et suffisamment assez, avec un inspecteur que l'on appelait, si je me rappelle bien : Bordeaux ou Marseille. Le nom n'est peut-être pas très exact ; mais ce dont je puis vous assurer, c'est qu'il porte celui d'une grande ville de France.

Ah ! malheur de malheur !... Il faut voir ce qui se passe là dedans !...

Je commence par écarter la personnalité du président de la soi-disante œuvre parce que je le connais comme un excellent et honnête homme. Il préside cette Société-là, comme il en préside tant d'autres, d'ailleurs : telles que la Société de tempérance, la Sociétés contre l'abus du tabac, etc., etc., parce qu'il se sent le besoin de mouvement, de stimulant, d'activité, d'émulation...

C'est au point où l'on ne peut jamais le trouver dans aucune de ces sociétés. Il y est cinq minutes, paraît et disparaît, sans avoir eu le temps de vous écouter, même pour les choses les plus urgentes qui le regardent.

Mais, misère de Dieu !... ce sont ceux qui l'entourent qu'il faut voir !...

Figurez-vous qu'il y a là quatre ou cinq employés grassement rétribués, dont un, entre autres — un cumulard, celui-là — car il est, m'a-t-on dit, professeur de chinois au lycée Condorcet et, en plus, il touche, bon an, mal an, cinq mille francs sur l'état d'émargement de la Société.

O charité !... charité !... ne vois-tu pas que l'on se sert de toi, comme d'un accessoire ?...

Pour les animaux, s'il vous plaît, bonnes âmes parisiennes !... Pour le refuge de ces malheureux abandonnés, oisifs de la terre !...

Allez !... tombez, gros sous et pièces d'or pour remplir les poches des autres !

J'en ai connu, dans le temps, plusieurs, des membres de cette Société; entre autres, un ancien pédicure, retiré des affaires, qui avait trouvé le moyen de se faire décorer, — on n'a jamais pu savoir pourquoi, ni comment il s'y était pris.

Un jour, comme quelqu'un de ses amis s'étonnait très fort en me parlant de cette décoration : « C'est bien simple, lui dis-je; vous le connaissez depuis longtemps, n'est-ce pas ?... Eh bien !... comme pédicure, il a tant fait des pieds et des mains... dans sa vie, qu'il a fini par obtenir un petit bout de ruban !... »

Un de mes collègues, certaine fois, alla le trouver, croyant avoir affaire à une âme charitable et le voyant l'un des plus grands protecteurs des animaux, pour lui emprunter la modique somme de cinq francs. — Il est bon de vous dire que mon confrère était le chiffonnier attitré du quartier de l'ancien pédicure et qu'ils se connaissaient depuis très longtemps.

C'est à ce titre qu'il s'était présenté chez le grand protecteur, ayant sa femme malade et cinq petits enfants dans la mansarde, grelottant de froid, mourant de faim !...

Croyez-vous qu'il les a secourus ?...

Ah ! misère de Dieu !... Va-t'en voir s'ils viennent, Jean !... Il a évincé mon pauvre confrère de sa porte, et de la belle façon ! en lui donnant pour toute réponse :

— Je viens de dépenser quinze mille francs pour la construction d'un refuge pour les chiens, et il m'est impossible de faire quelque chose pour vous !...

Le chiffonnier remonta navré là-haut, dans la *Villa des chifortons*. Le lendemain, sa femme fut transportée à l'hôpital et, le surlendemain, elle expirait anémiée, phthisique, ayant enduré trop de misères !... Le dernier des petits, qui était encore à la mamelle, mourait huit jours après !...

Ah ! malheur de malheur !... Faire un refuge pour les animaux, quand les hommes n'en ont pas suffisamment pour eux !... que les privations les minent !... que les luttes de chaque jour les étreignent et les couchent sur un lit d'hôpital pour mourir épuisés... éloignés des leurs, sans affection, sans soins !...

Mais les chiens ont un refuge !... On a dépensé quinze mille francs pour eux !...

O charité... charité!... voilà pourtant ce que l'on fait en ton nom!...

Mais que diable!... Le Christ, dans sa doctrine, ne nous a jamais parlé de la protection des animaux; il nous a simplement dit de nous aimer les uns les autres, de nous supporter, de nous entr'aider, de nous secourir!...

Touchante maxime de paix, de concorde et d'union!... Y en a-t il beaucoup qui te mettent en pratique?...

Et cependant, pour tout vous dire, plus des trois quarts des membres qui font partie de cette Société d'assistance d'animaux, ne sont pas des convaincus; ils ne se soucient pas mal de ce qui peut arriver d'accident ou de malheur à un cheval ou à un chien!...

Ils font partie de cette association pour se créer quelques relations, trouver des gens qui les fassent arriver à des situations ou à des charges honorifiques. Quelques-uns se contentent de faire la connaissance de Mme la baronne de X... ou de M. de Z...; d'autres, — de braves commerçants, ceux-là — espèrent vendre mieux leurs marchandises aux sociétaires qui les préféreront eux, à tous les autres marchands.

Cependant, il y en a encore de trop, tout de même, qui ont pris à cœur d'être charitables envers le genre... animal, de donner asile aux chiens, chats, chèvres, boucs, quand ils laisseraient crever de faim et de froid leurs semblables!...

Ah! misère de Dieu!...

La différence est grande, flagrante, pourtant!...

Quand un chien, un chat, errent sur la voie publique, ils trouvent toujours à se réfugier quelque part pour être à l'abri de ceux qui peuvent les poursuivre.

Il n'en est pas, malheureusement de même, de l'homme.

Que ce dernier aille, étant sans feu ni lieu, sans sou, ni maille, se coucher la nuit, sur un banc d'un boulevard quelconque, il sera vite ramassé par la police et condamné ensuite par les tribunaux pour vagabondage. Puis, lorsque son casier judiciaire sera taché d'une condamnation, où voulez-vous qu'il aille ?...

Que voulez-vous qu'il fasse ?...

Je sais bien que vous m'objecterez que les animaux ont aussi *la Fourrière;* cela est vrai, mais faut-il encore payer une certaine somme d'argent pour les en faire sortir, tandis que l'homme qui a subi la moindre des condamnations, est rejeté de partout dans notre société mal organisée.

Ah ! par exemple, qu'une de ces petites dames que l'on voit ordinairement dans la rue, — et certes vous en avez vu comme moi —portant sous le bras un de ces affreux quadrupèdes au poil en saule-pleureur, qu'on nomme, je crois, *havanais*, vienne déclarer au siège de la Société protectrice des animaux, que son cher toutou s'est mordu la langue en..... rongeant un os et qu'il souffre beaucoup de sa morsure, en voilà assez pour mettre toute la Société en branle !...

Troiscomptables, cinq inspecteurs dont un chef, celui qui a nom Bordeaux ou Marseille, font les démarches les plus exagérées pour s'occuper dignement de ce qu'ils appellent un *accident*, du moment, toutefois, que la personne est membre de ladite Société.

Ah! dame!... voyez-vous, c'est que ces animaux-là, tout en faisant du tort à notre prochain, rendent des services signalés à l'humanité... vicieuse.

Ah ! malheur de malheur !... vous qui vous dites des bienfaiteurs, parce que vous vous êtes faits les protecteurs des bêtes, savez-vous ce que je ferais à votre place ?...

Eh bien !... je ne mangerais jamais d'animaux pour ne pas les faire souffrir !... Au contraire, j'occirais plutôt toute la gent qui les détruit en leur faisant du mal : bouchers, charcutiers, marchands de volailles, de lapins, chasseurs, pêcheurs, etc... etc... tout le monde y passerait !...

Parmi les rares convaincus, faisant partie de cette Société, je connais une personne, Mme de B... qui pousse l'amour des bêtes jusqu'à l'exagération.

Dernièrement, elle écrivait à son bureau, et les bourdonnements, et les taquineries d'une grosse mouche l'empêchaient de suivre sa pensée.

Poussée à bout, elle sonne sa domestique et lui ordonne de chasser l'ennuyeux insecte... « sans lui faire de mal !... » ajoute-t-elle.

La servante, armée d'une serviette, s'empare de l'animal avec précaution et demande ce qu'il faut en faire.

— « Ouvrez la fenêtre et mettez cette « mouche dehors. »

La domestique qui connaît sa maîtresse, obéit à demi.

— « Pourquoi cette hésitation, s'écrie « Mme de B...

— « Mais, madame, regardez, il pleut « si fort!...

— « C'est vrai, réplique la dame, eh « bien, mettez la mouche dans l'anti« chambre.

Croyez-vous qu'il faille être à ce point utopiste ?...

Ah ! malheur de malheur !... ne serait-il pas préférable de reporter toute cette sensiblerie qui n'est que dans l'imagination, sur des semblables qui souffrent?... Non, les cœurs de ces gens-là que paraissent toucher les malheurs des animaux, restent insensibles devant les calamités humaines !

Mais misère de Dieu ! ne restons pas là!... nous n'y avons plus rien à faire... remontons maintenant la rue du Bac jusqu'en haut et peut-être que là-bas, dans les quartiers excentriques, nous trouverons autre chose qui fera diversion et qui est à notre profit.

Ah ! malheur de malheur ! ma hotte en tressaille dans mon dos !...

Là !... nous voici arrivé .. Allons, mon vieux falot, éclaire-moi à droite et à gauche pour que j'observe de quel côté, je dois porter mes pas.

Tiens !... quelle est donc cette petite maison basse où je vois entrer beaucoup de monde, et où je lis en gros caractères : *Asile?...* Oui, oui, oui, je me rappelle !... on m'en a déjà causé !... C'est le refuge des hommes, celui-là ; le dortoir des pauvres misérables que poursuivent partout les malheurs de notre humanité !...

Il n'y a donc pas que les animaux qui en ont un !...

Ah ! misère de Dieu !... je trouve donc enfin, une œuvre utile faite pour soulager ceux qui souffrent !...

C'est l'œuvre de l'Hospitalité de nuit créée par M. le baron de Livois.

N'allez pas oublier ce nom-là, *chifortons,* mes frères !...

Cela vous réconforte un peu, de trouver sur sa route des hommes de bien qui vous font oublier les ordures malsaines que l'on voit à chaque pas, sans les chercher.

La Société protectrice des animaux avait créé un refuge pour les bêtes ; eh bien ! il s'est trouvé un homme qui a créé, celui-là, un refuge pour ses semblables !...

Il a donné un gîte à ceux qui n'avaient

que l'angle du trottoir pour reposer leurs têtes !...

A l'ouvrier qui chôme de travaux et que le froid et la faim décime !...

Au vieillard sans foyer.

A l'orphelin de la veille ou du jour qui n'avait plus d'abri !...

A la femme qui, un soir d'hiver, se vend pour un morceau de pain !...

C'est l'asile des affligés !...

Ah ! misère de Dieu !... me voici justement au boulevard de Vaugirard, devant la porte de l'un de ces établissements. J'entre avec ma hotte sur le dos et mon crochet à la main !...

Les temps de crise que nous traversons ont rendu cette œuvre doublement sympathique.

On a recueilli dans les trois asiles actuellement ouverts, pendant l'année 1887, cinquante mille quatre cent trente pensionnaires qui ont couché pendant cent trente-trois mille deux cent quinze nuits; ce qui constitue une augmentation de quinze mille trois cent quatre-vingt-neuf pensionnaires de plus que l'année précédente.

Ah! malheur de malheur!...

Ces chiffres sont d'une éloquence navrante!... Le classement par profession de ces cinquante mille infortunés, est un commentaire saisissant!

Les journaliers, terrassiers et autres ouvriers du sol, figurent pour un chiffre de vingt-deux mille six cent quatre-vingt.

Le nombre des ouvriers du bâtiment proprement dit monte à quatre mille six cent quatre-vingt-neuf, sur lesquels mille neuf cents maçons et trois mille trois cent quarante peintres en bâtiments.

Toutes les professions, presque sans exception, ont fourni leur malheureux contingent aux asiles de l'œuvre!...

Ah ! misère de Dieu !... cette nomenclature de la pauvreté fait peine à parcourir !...

Je me contente seulement d'indiquer sur quelles professions porte surtout l'augmentation des hôtes recueillis par la société, cette année.

Huit mille six cent trente ouvriers du sol.

Quatre mille deux cent quarante-cinq ouvriers en bâtiments.

Trois mille trois garçons de café et de magasin.

Trois cent quarante employés divers.

Au point de vue de la nationalité, les pensionnaires se subdivisent ainsi :

Quarante quatre mille cinq cents Français.

Deux mille soixante Belges.

Mille neuf cents Allemands.

Cinq cents Italiens.

Neuf cent trois Suisses.

Six cents Européens d'autre nationalité.

Soixante-deux Africains.

Quarante-cinq Américains.

Dix Asiatiques.

Trois Océaniens.

Du 2 juin au 31 décembre, cela fait un total de près de deux cents mille pauvres gens qui ont passé cinq cent soixante-dix mille trois nuits dans les asiles de l'œuvre.

Aux pauvres de l'année dernière, la Société a, en outre, distribué soixante-quatre mille bons de pain, trente mille bons de fourneaux, mille cent vingt paletots; neuf cent quatre-vingts pantalons, deux mille chemises, cinq mille paires de chaussures et quatre mille huit cents menus effets, tels que fichus, bas, chaussettes, etc... etc...

Il semble qu'il faille un énorme budget pour secourir tant de misères, pour tendre la main à de si nombreuses infortunes!... L'œuvre n'a cependant dépensé que soixante mille francs. Ce qui coûte cher, c'est surtout l'installation de nouvelles maisons d'hospitalité.

Certains quartiers de Paris auraient bien besoin de semblables asiles!...

Mais, misère de Dieu!... pour cela, il faut de l'argent, beaucoup d'argent.

Tout don fait à l'œuvre, si minime qu'il soit, sert à secourir une misère.

Aussi, il me semble que je ne puis mieux faire que de vous citer la lettre suivante adressée au directeur d'un asile :

« Monsieur le Directeur,

« Je connaissais depuis longtemps
« votre belle institution de l'Hospitalité
« de nuit; mais j'ignorais que l'on pût
« envoyer si peu de chose que ce que je
« vous envoie de bien bon cœur — six
« timbres-poste.

« Mon seul regret est de ne pas être « plus riche ; pourtant, je tâcherai, cha- « que quinzaine, de vous en envoyer « autant. »

Voilà un bel exemple à suivre, n'est-ce pas ?

Eh bien, moi, je vais vous en proposer un autre qui est la mise en pratique de ce que je voudrais voir se réaliser : la dîme de la charité !...

Faites comme moi; quand vous passerez devant un de ces établissements nocturnes — vous le reconnaîtrez facilement ; au-dessus de la porte de chaque asile, brille une petite flamme bleue, symbole de la charité. — Si vous êtes pauvre, entrez ; si vous êtes riche, donnez ; vous ferez une bonne action.

Ah ! misère de Dieu !... voilà comment je comprends la fraternité !... Voilà comment on doit se secourir dans le siècle où nous sommes !...

Maintenant, je vais faire mon travail dans la rue.

Je savais bien que je n'avais rien à remuer en entrant ici !...

C'est la curiosité seule qui m'a poussé à visiter ce dortoir des pauvres, et j'en suis très content.

Allons, Diogène, vite, la hotte sur le dos, le falot dans la main gauche, le crochet dans la main droite, va voir les ordures de la rue, fouiller les immondices !...

UNE STATISTIQUE

ET LE QUARTIER BRÉDA

V

UNE STATISTIQUE
ET LE QUARTIER BRÉDA

Il existe dans Paris,
Une fleur toujours vivace,
Semblable au volubilis ;
Mais qu'on dit d'un plus grand
Prudemment, elle fuit, [prix
Le grand jour qui la chasse,
Pour s'ouvrir à minuit
Et briller dans la nuit.

J'ai eu dans le temps, comme voisin, un inspecteur de la police des mœurs, lorsque je demeurais à Clignancourt, là-bas, derrière la butte Montmartre où beaucoup de mes collègues établissent encore leurs pénates aujourd'hui.

Ah ! misère de Dieu ! quelle besogne, ils ont à faire !...

Je sais bien que de temps en temps, les policiers se trompent.

Le cas est malheureusement trop fréquent.

Dernièrement, un inspecteur — pas celui que je connais — a arrêté *au bras de son mari*, Mme R..., femme d'un notable commerçant du Sentier.

Je ne parlerai que pour mémoire, de l'arrestation de Mlle Bernage, artiste dramatique du théâtre Déjazet, de celle de Mme Eyben, de celle de Mme Monanteuil, etc...

La presse, d'ailleurs, s'en est occupée dans le temps, et les faits sont trop connus pour que je les relate de nouveau, maintenant.

En mil huit cent soixante-dix-sept, on amena au *Grand-Hôtel* — c'est ainsi que les traînées de la rue nomment la prison de Saint-Lazare — on amena, dis-je, trois jeunes filles prises dans une rafle, je ne me rappelle plus où : Mesdemoiselles Ligeron, Lucie et Marie C... Le rapport des agents qui les avaient arrêtées, fut accablant pour elles : Or, l'examen médical, auquel elles furent soumises, démontra *qu'elles étaient vierges*.

Voilà une énorme erreur blâmable à tous les points de vue; mais cela ne provient que du nombre toujours croissant de la prostitution parisienne.

Ah! malheur de malheur! Il faut voir ça comme moi, toutes les nuits, dans les quatre coins de Paris. C'est à en faire tarir l'huile qui alimente mon falot!...

L'inspecteur de la police des mœurs, mon voisin d'autrefois, me disait qu'il y avait un règlement pour toutes ces *hirondelles de nuit*.

Ce règlement existe encore aujourd'hui, sans aucun doute.

Alors, pourquoi ne le fait-on pas observer ?...

Je le demande au Préfet de police.

Ce règlement que j'ai lu, un jour, portait, si j'ai bonne mémoire, qu'il était notamment défendu aux *immondices enjuponnées* de se montrer sur les boulevards, de circuler dans les passages couverts, dans le jardin des Tuileries, dans le Palais-Royal, le Luxembourg, les Champs-Élysées, sur les anciens boulevards extérieurs, l'Esplanade des Invalides, les quais, les ponts, etc... etc... et de se tenir à plus de vingt mètres des pourtours et des abords des églises ou des temples.

Ah ! malheur de malheur !... allez donc voir, dans tous ces endroits-là, vous en verrez du propre ! La prostitution y fourmille, y grouille à chaque pas.

Tenez !... on la sent d'ici avant que mon crochet n'en ait remué le tas !... Je sais bien que si je m'adressais, en ce moment, à quelques-unes de ces pourritures-là, elles ne manqueraient pas de me répondre :

— « Observer le règlement !... mais c'est « la ruine, la misère noire, c'est nous con« duire à une *grève* inévitable ; nous n'au« rions plus qu'à mourir de faim !... »

— « Eh bien ! tant mieux !... vous dé« barrasseriez la société d'une vermine « qui la ronge et qui la souille ! »

Le règlement porte encore que la *fille en carte* doit demeurer seule, tenir toujours closes les fenêtres de son logement ; ne pas se signaler dans la rue ni par des cris, ni par des gestes.

Rien de tout cela n'est observé ; bien au contraire, on laisse courir tout ce sale monde à travers Paris, à toutes les heures de la nuit.

On vous accoste dans les rues et sur les boulevards, et si c'est à une heure tardive, si vous résistez à la *fille du bitume*, deux ou trois souteneurs qui sont cachés à deux pas dans une porte-cochère, se précipitent sur votre personne, vous terrassent, vous volent, quand ils ne cherchent pas à vous tuer.

De là, viennent les erreurs que commettent trop souvent les agents de la police des mœurs. Je prends, pour exemple, une ouvrière attardée par son travail qui presse chez son patron, lequel doit livrer une commande le lendemain. Le patron demeure au centre de Paris, je suppose, dans la rue Saint-Denis, et l'ouvrière, tout en haut des Batignolles ou à Vaugirard. Elle a, par conséquent, une heure de chemin à faire à pied ; — j'en connais comme cela ! — elle rentre chez elle, à une heure du matin. Dans une rue, sur son passage, un individu l'accoste ; un agent surgit et l'entraîne au poste, malgré toutes ses dénégations ; et le lendemain, quand un jour blafard pénètre dans le poste de police, *le panier à salade* l'emmène à la préfecture, grossir le tas des véritables prostituées qui ont été ramassées la nuit, dans une rafle.

Ces méprises demeurent presque toujours ignorées ; car, dans ce cas-là, les victimes refusent ordinairement de se plaindre.

Elles se considéreraient comme déshonorées si leurs mésaventures étaient rendues publiques, surtout, quand elles ont eu à subir la visite d'un médecin.

Tout cela est écœurant, je le sais bien. Il n'y a qu'un remède, je vous le répète : Ne pas tolérer la prostitution, et la police des mœurs sera supprimée.

Ah ! misère de Dieu !... Vous dites que la chose n'est pas possible et que l'on en a besoin dans un grand centre ?... C'est une autre erreur que vous commettez ;

il y a tant de femmes qui se donnent sans se vendre !...

Celui qui a besoin nécessairement d'une prostituée, n'est qu'un niais, un imbécile ou un ivrogne !...

Là-bas, à Javel, à l'avant-dernier ponton, il y en a, parmi les bateaux qui sillonnent la Seine, qui, chaque matin, transportent toutes les ordures de la capitale pour aller les déposer vers Suresnes et Argenteuil, afin de faire pousser les légumes des cultivateurs de la banlieue.

Eh bien !... chargez-moi toute cette marchandise féminine malpropre dans un bateau, également ; mais que la place soit plus grande, plus vaste, et au lieu que ce soit pour Javel ou Auteuil, que le port de chargement soit à destination de Toulon ou de Cherbourg, et que l'on fasse peupler la Nouvelle-Calédonie ou les Nouvelles-Hébrides, avec tout ce rebut infect.

Monsieur Poubelle a inventé la boîte aux ordures !... eh bien !... que l'on fasse aussi une grande quantité de tombereaux à immondices humaines pour débarrasser les rues !...

Vous croyez que je plaisante, hein !... parce que vous ne voyez pas comme moi, le nombre croissant chaque jour, de ces ordures, de ces pourritures, de ces infections !...

Voulez-vous des chiffres à l'appui de ma protestation indignée de tous les moments ?...

Tenez !... en voici : je les tiens de mon voisin, l'inspecteur, que j'ai connu autrefois, et dont je vous parlais tout à l'heure.

Ces chiffres sont très édifiants :

Jugez-en plutôt :

Au cours de l'année 18.., 495 filles

ont été reconnues vénériennes à leur visite de quinzaine.

En outre, sur 2,382 filles soumises, arrêtées pour infractions aux règlements administratifs, 196 ont été reconnues malades, ce qui porte à 691, le total des filles soumises vénériennes.

En ce qui concerne les filles insoumises, sur 2,162 arrêtées, 1,043 étaient malades.

Ce qui fait que : sur 2,877 filles soumises arrêtées près du *quart* étaient atteintes !...

Sur 2,162 filles insoumises arrêtées, on avait compté 1,043 vénériennes — *près de la moitié.*

Hein !... est-ce assez éloquent !... Que dites-vous de ça, maintenant ?

Mais misère de Dieu !... nous avons des fils qui doivent faire, dans l'avenir, des pères de famille ?...

Il s'agit de les mettre en garde contre ces saletés-là !...

Allons, mon vieux crochet, toi qui as l'impatience de travailler, viens avec moi comme d'habitude ; nous allons descendre dans Paris à la lueur de mon falot pour remuer les tas qui nous attendent ; et pour abréger notre chemin, Diogène, mon ami, chante une chanson de circonstance ; cela nous fera paraître moins long, le temps qu'il nous faut pour faire notre trajet. En avant, le couplet !...

Quand vous frôlez, d'hermine revêtues,
La pauvreté qui suit de durs sillons,
De la débauche inflexibles statues,
Vous outragez la sagesse en haillons ;
De ses longs jours dont se rit votre audace,
L'or d'un souper nourrirait la moitié...
Filles de marbre, arrière et faites place
A la vertu qui passe et marche à pied !

Vlan !... ça y est !... voilà mon falot éteint.

Ah ! c'est trop fort, par exemple !...

Qu'est-ce qui peut donc causer tant de vent que cela, ce soir ?...

Tiens !... ce n'est pas étonnant !... Que je suis étourdi !... me voilà dans la rue des Martyrs. Voyez, ce que c'est que tout de même que la gaieté !...

Tout en fredonnant ma petite chanson, je ne me suis pas aperçu que j'étais déjà arrivé dans le quartier Bréda !...

Il ne faut pas que cela vous surprenne, si mon falot vient d'être soufflé ; le vent du vice et de la débauche est si grand, dans ce quartier des *grues* entretenues !...

Ah ! misère de Dieu !... si vous n'avez jamais passé par là la nuit, quand sonnent les douze heures aux horloges d'alentour, je vous engage fortement à y aller vous promener pendant une soirée ou deux, et pourvu que vous soyez quelque peu observateur, vous pourrez faire toutes les méditations sur le maquillage, ses rapports et ses conséquences dans notre époque.

Ah! malheur de malheur!... je vous jure bien que quand tout ça dégringole ou monte les rues à minuit, on pourrait mettre auprès de l'église N.-D. de Lorette, un poteau, portant cette inscription, en gros caractères : *Prenez garde à la peinture!* précaution que l'on prend souvent pour les devantures, les boutiques ou les bancs en restauration!...

Qui n'a pas vu de dix heures du soir à deux heures du matin, grouiller cette masse d'êtres, dont la matière seule subsiste, dont les fibres sont cassées, les pulsations éteintes?...

Qui n'a pas vu se traîner sur l'asphalte, ces poupées endimanchées, laissant après elles une puanteur de musc et de poudre de riz.

Elles ont remis leur cœur à neuf comme un vieux chapeau, revêtu leurs plus beaux atours, dans l'espérance d'échanger tout cela contre un peu d'or. Et si le client ne mord pas, elles lui barrent insolemment le passage, en faisant montre de leur vénalité sans borne, par leurs toilettes tapageuses.

Ah ! misère de Dieu !... quel commerce !... et dire qu'il y en a au moins cinq cent mille dans Paris, qui mangent quotidiennement de ce pain-là !...

Oui, cinq cent mille !... le chiffre peut faire crier ; mais je n'exagère pas ; la statistique est là... C'est tout bonnement stupéfiant, n'est-ce pas ?... Eh bien !... c'est l'exacte vérité.

Ah ! honteuses revendeuses de baisers, qui trouvez encore des acheteurs et pensez que la fleur du ruisseau exhale quelque parfum !... combien de fois avez-vous revendu ce cœur que vous n'avez pu livrer qu'à un seul à la fois? dites, pouvez-vous le savoir?... Non!... cela se conçoit; le total est trop formidable, n'est-ce pas?...

Ces femmes-là que vous appelez d'or, vous, les viveurs, quand vous faites de la poésie, on ne les rencontre jamais où coule une larme, où veille une douleur!...

Ce sont des vers rongeurs, honteux qui vont de fruit en fruit et les désertent quand ils les ont gâtés!...

Là où brille l'or, là, cherchez-les!... Vous êtes assurés de les y trouver sans difficulté.

En calculant leurs baisers, si toutefois vous entrez en relations avec elles, — ce dont je cherche à vous préserver — vous pourrez toujours savoir, à un louis près, ce qui vous reste encore d'argent dans votre porte-monnaie.

Avec tout ça, je bavarde et je ne m'occupe nullement de rallumer mon falot.

C'est cependant, la chose la plus utile que je puisse faire en ce moment pour fouiller le tas d'ordures auprès duquel je me trouve.

Tiens !... Que vois-je ?... Un marchand de tabac qui n'est pas encore fermé, voilà mon affaire !...

Entrons-y donc !... Là !... Voici ma lanterne allumée ; maintenant, terminons notre besogne et remplissons ma hotte. J'entends une heure qui sonne à Notre-Dame de Lorette et au marché de la rue Hippolyte-Lebas. Les bals et les théâtres ont fermé leurs portes ; mais les cafés de par ici sont bondés.

C'est comme cela, dans ce monde : Quand les uns disparaissent, les autres naissent ! Il faut, par-ci par-là, des lieux hospitaliers où la vie commence seulement pour les heureux et les privilégiés de la nuit.

Que font tous ces gens-là, dans la

journée ?... Eh ! parbleu !... le sait-on ?... Ils se reposent de leurs fatigues très probablement.

J'ai fait cette remarque depuis longtemps dans ma profession errante, nomade, c'est celle de voir des gens qui ne sortent que la nuit et rentrent de même.

Pourquoi ?...

Mystère !...

Tenez !... n'allons pas plus loin ; regardez dans ce café, à votre gauche, voyez-vous toutes ces femmes, laissant tomber leurs masques de plâtre, montrant leurs visages ridés et décrépits ; elles en ont un chagrin lorsqu'elles arrivent à la trentaine, fanées et fatiguées qu'elles sont, par les orgies de toutes sortes !...

Ah ! malheur de malheur !... Vous pouvez les regarder, allez !... cela ne les empêche pas de boire en compagnie de jeunes *boudinés* du quartier qui se disent fils de famille.

Oui, elles boivent !... Et si quelquefois le champagne ou les liqueurs fortes leur tournent la tête et qu'elles perdent la *carte*, elles sont assurées d'en retrouver une... à la Préfecture !...

Ou bien, quand leurs gosiers brûlés refuseront de boire et de manger, ces courtisanes plâtrées traîneront ces jeunes dépravés, à moitié idiots, dans leurs boudoirs, pour les décaver plus à l'aise.

Mais dans un précédent chapitre, j'ai déjà parlé de cette catégorie de monde, en y ajoutant ce que je pensais de cette classe improductive et parasite.

Je ne veux donc pas y revenir ; car, bien des fois, je retrouverai cette occasion, sans la chercher.

Ah ! misère de Dieu !... J'aime mieux continuer mon chemin.

Vlan !... ah ! ce coup-là, il était temps! D'un peu plus, mon falot était éteint de nouveau, au tournant de la rue.

Voyons donc un peu, ce que c'est que ça !

Tiens ! ce sont deux silhouettes qui se détachent de l'ombre de la maison d'en face !...

Parbleu !... ce sont encore des hirondelles nocturnes qui n'ont pas fait leurs affaires ; elles frissonnent sous l'air frais de la nuit et hèlent une dernière fois les passants, avant de regagner leurs soupentes.

Ah ! malheur de malheur !...

En descendant elles étaient lestes et pimpantes ; elles avaient du cœur à l'ouvrage ; elles rêvaient monts et merveilles !... En remontant, elles sont tristes et maussades — La vie est dure à Paris, surtout que la concurrence y prend de l'extension tous les jours !... —

Voyez, ces deux drôlesses en sont une preuve : Ce qu'elles n'auraient vendu tout à l'heure qu'au poids de l'or, elles le donneraient maintenant pour le déjeûner du lendemain !...

La marchandise est au rabais, quoi !...

Ah ! misère de Dieu ! allons ! place à ma hotte !... ou gare à mon crochet !...

MÉDECIN, BANQUIER

ET AUTEUR DRAMATIQUE

VI

MÉDECIN, BANQUIER
ET AUTEUR DRAMATIQUE

De tout, le chiffonnier s'empare,
Chaque chose n'a qu'un instant;
Le grand drame que l'on prépare,
L'opéra-bouffe qu'on attend.
Les livres qui d'esprit se piquent,
Les chefs-d'œuvre du genre humain
Et les journaux qui les critiquent,
Tous ensemble seront demain...
Dans le panier
Du chiffonnier.

Brou !! quel vilain temps !... on passe du froid au chaud, sans transition; il y a de quoi attraper des bronchites, des pleurésies, des pneumonies, des fluxions de poitrine, etc... etc...

Et puis, réflexion faite, ce qui fait le malheur des uns, fait le bonheur des autres ; demandez cela aux médecins par exemple !

Ceci me rappelle que l'autre jour, par un de ces petits temps froids secs, comme il en fait l'hiver, je fis la rencontre du docteur X... qui revenait de la chasse.

Le fusil en panne, la carnassière vide, les vêtements poudreux, le visage bleui, l'œil éteint, il rentrait bredouille.

Je l'accostai.

Vous savez qu'il faut que j'observe toujours; et que je me mêle de choses et d'autres sur mon chemin, n'est-ce pas ?...

— Eh bien !... docteur, lui dis-je, ça a-t-il rendu ?...

— Absolument rien, mon cher Diogène.

— Vraiment ! vous m'étonnez !...

— Je n'ai rien tué de la journée.

— Cela vous apprendra à négliger votre clientèle.

Ah ! malheur de malheur !...

Il me quitta en me faisant une grimace significative.

C'est drôle qu'il y ait de ces gens qui n'aiment jamais qu'on leur dise la vérité.

Depuis, je n'ai pas revu le docteur ; il a peut-être été plus heureux qu'à la chasse, avec ses malades...

Tiens !... qu'est-ce qui pend donc là, au bout de mon crochet ?...

C'est, ma foi, un lambeau de journal du jour, relatant l'affaire Grapile... vous savez bien, Grapile, le fameux banquier usurier du boulevard... lequel a levé le pied, l'autre matin, emportant sa caisse, sans tambour, ni trompette !... Ah ! que je suis donc sot !... ce n'est pas Grapile ; mais Grapille !... Voyons, Diogène, mouille donc un peu les L, s'il te plaît... Puis, après tout, j'aurai beau les mouiller les L... ça ne l'empêchera pas de *voler*.

Lisons donc ceci, un moment !...

Tiens !... il a passé en cour d'assises, sous l'inculpation de faux en écritures de commerce. Mais en homme pratique qu'il est, il a cru prudent, avant le jugement, d'aller faire un voyage d'agrément en Belgique.

Néanmoins on a appelé sa cause hier... et il ne se trouvait pas à l'audience... Cela se voit tous les jours... l'accusé n'a pas besoin d'être présent pour être condamné !...

Ah ! malheur de malheur !...

L'accusé fait défaut !... s'est écrié le président !...

Parbleu !... tout le monde le savait, qu'il faisait *des faux !...*

O ironie de la langue française !... voilà bien de tes coups !...

Hier au soir, comme je m'entretenais de Grapille — ne dirait-on pas un nom prédestiné pour vider les poches des autres !... — avec Mlle Z..., une petite ballerine de l'Opéra qui veut faire son chemin, et elle le fera ; elle est sur la bonne voie — ne vous étonnez pas si je connais des ballerines ; j'ai des connaissances du haut en bas de l'échelle sociale. —

— Grapille, le banquier !... me fit-elle, surprise !... comment !... il a filé ?...

— Comme une étoile.

— J'en suis suffoquée.

— Vous le connaissiez ?...

— Je le crois bien !... c'est lui qui m'a pris mon... honneur !

— Eh bien !... tant mieux pour lui ; ça lui en refera un ; il en a bon besoin.

Tiens !... tiens !... tiens !... qu'est-ce que je remue donc là ?... c'est un objet à peine sali... Ah ! par exemple !...

Un manuscrit de pièce de théâtre !... mais c'est que c'est la vérité !... et un drame en cinq actes, encore !...

Ah ! décidément, ce tas d'ordures est

intarissable en nouveautés de toutes sortes! Ah! misère de Dieu!... c'est, sans doute, un désillusionné! un écœuré!... un désespéré d'ici-bas qui aura jeté aux ordures un travail de plusieurs années... lequel ne lui aura procuré, c'est bien certain, que de longs jours de luttes... d'espérance, d'illusions et de déboires... pour en arriver à un découragement complet.

Je connais ça, moi, le théâtre!...

Dans un temps, pas trop éloigné encore, j'ai écrit aussi des pièces... telles que drames, comédies, opérettes, opéras-comiques, levers de rideau... etc... etc... mais, va-t'en voir, s'ils viennent, Jean!

Ah! vous pouvez me croire!... s'il avait fallu que j'attendisse après mes droits d'auteur pour manger un morceau de pain, je serais mort de faim, dès ma première œuvre.

J'ai fait bien des choses dans mon existence, comme vous pouvez eu juger, d'ailleurs, par tout ce que je vous raconte; mais je n'ai jamais trouvé une partie plus hérissée de difficultés, comme la carrière dramatique pour un auteur qui veut eu faire sa profession.

Présenter une pièce quelconque dans un théâtre, sans essuyer de rebuffade, est une pure illusion.

La voir lire est une chimère, et la voir jouer est un leurre !...

C'est insurmontable !... Pourquoi ?... Parce que les auteurs qui sont arrivés s'efforcent continuellement de boucher l'entrée de l'arène aux nouveaux venus qui, cependant, peuvent avoir autant de talent qu'eux, et dès qu'un heureux ou un malheureux — au choix — a pu pénétrer dans cette arène, de quels traits, ne le crible-t-on pas ?...

Ah ! malheur de malheur !.!.

Il faut voir, comme je l'ai vue moi-même, la guerre que l'on se fait dans ce monde là!...

Quant aux directeurs de théâtres, c'est une autre affaire! Ces messieurs ne regardent que la signature et jamais l'ouvrage!...

Si vous êtes auteur, et que vous n'ayez pas un *nom*, malheur à vous, si vous n'avez pas de rentes pour subvenir aux besoins de votre existence!...

Vous avez devant vous la perspective de parcourir tous les théâtres de Paris, vos manuscrits sous le bras, en admettant que dans votre bagage littéraire et dramatique se trouvent tous les genres de pièces que l'on joue.

Quoi! cela vous arrache une grimace! Eh bien! essayez-en, si toutefois, vous avez quelques productions à montrer, et vous verrez!...

En dehors d'une certaine féodalité littéraire qui règne dans le monde du théâtre, nul n'a le droit de savoir écrire, nul n'a le droit d'être scénique, nul n'a le droit d'avoir de l'esprit, et on vous laisse parcourir toutes les étapes d'une Passion très douloureuse, en vous faisant le plus mauvais accueil de tous côtés.

Passez-vous votre carte par un garçon de service à un directeur? celui-ci ne juge jamais utile de vous recevoir. Si vous insistez et que vous soyez, enfin, reçu un beau jour, vous entendez des réponses qui sont invariablement celles-ci :

— « Je regrette beaucoup, monsieur « mais mon spectacle est composé pour « toute *ma saison*. »

« J'ai plusieurs traités qui me lient « avec des auteurs connus pour trois ou « quatre années; revenez ensuite, nous « verrons. »

Ou bien, le grand mot que vous entendrez partout :

« Je ne vous connais pas!... Je suis

« fâché de vos démarches; mais votre « *nom* n'en est pas *un !*... »

Cette argumentation vous démonte.

Oh ! le mot profond et qui fait le plus grand honneur au directeur prud'hommesque qui semble l'avoir prêté à perpétuité à ses confrères !...

— « Je ne vous connais pas !... »

Vous n'avez rien à ajouter après cela ; vous n'avez plus qu'à vous retirer avec votre manuscrit que l'on ne vous à même pas demandé à lire.

On n'a pas le temps de s'occuper de ces choses-là !... Peuh ! et la pièce à *clou* que l'on monte ! Vous n'y pensez donc pas ?...

Vous vous appelez Durand... vous croyez avoir un nom ?...

Eh bien ! crac !... c'est une illusion ; vous n'en avez pas !

Et vous allez *Durand*,... *durant*... des mois et des années entendre dire dans chaque cabinet directorial où vous serez introduit par hasard, l'éternelle réponse :

— « Monsieur, vous n'avez pas de « *nom.* »

Vous finissez par le croire, au point où un certain jour — n'en soyez pas surpris — vous êtes capable d'aller relever votre acte de naissance dans la mairie où vous êtes né pour vous rendre un compte exact et voir si, réellement, vous vous appelez bien Durand.

Ah ! misère de Dieu !

Il ne se trouvera donc pas un directeur qui évitera à l'auteur dramatique frappant à sa porte, toutes ces démarches humiliantes faites pour décourager, et paralyser le talent qui ne cherche qu'à éclore ! !

Il ne se trouvera donc pas un homme intelligent et de cœur qui se tiendra à l'écart de ces petites manœuvres occultes, de ces tripotages, de ces envies de la part de ceux qui sont arrivés et qui, par conséquent, n'ont besoin de rien ?...

Je sais bien, et je le reconnais tout le premier, que bien des auteurs qui sont convaincus — et on l'est toujours — d'avoir fait quelque chose, n'ont rien fait du tout, les trois quarts du temps.

Ils se figurent, qu'étant, plus ou moins littéraires et qu'ils ont étudié les classiques du genre, ils peuvent se permettre d'écrire une pièce.

Non ; c'est une erreur ; la pièce ne serait-elle, qu'un simple lever de rideau ?...

Et la conception du sujet !... et la partie scénique qui est l'art, par excellence, de faire du véritable théâtre ?? Que sont-elles pour eux ? Rien, alors ?... Ils se contentent de faire des dialogues, encore des dialogues, toujours des dialogues, dans une langue épurée, certes !... Cela est très joli, académique même ; mais loin d'être suffisant ; il faut avant tout, posséder l'art scénique qui ne s'apprend pas du tout dans les classiques, et s'appellerait-on Marivaux, Racine, Corneille, Rotrou ou Molière, il faut l'acquérir sur les planches d'un théâtre même.

Croyez-en ma vieille expérience vous, les *jeunes*, qui avez le courage d'affronter les luttes de la carrière la plus ardue que je connaisse !...

Etudiez le théâtre sur toutes ses faces, depuis le *dernier dessous* jusqu'aux *cintres; des portants aux frises,* de l'*avant-scène au fond;* sachez ce que c'est que le côté, *cour* et le côté, *jardin;* déplier un *salon, renverser une ferme;* cela vous apprendra à faire des *sorties* et des *entrées* pour vos personnages futurs. Mettez même la main à la pâte, s'il le faut, dans votre propre intérêt; puis, quand vous connaîtrez le théâtre, tel qu'un auteur dramatique doit le connaître, écrivez une pièce, et vous verrez qu'elle sera mieux faite que toutes celles que vous avez pu faire auparavant.

Ceci, dit en passant, dégage un peu les préférences, les partialités et les injustices que je reprochais à l'instant, aux directeurs de nos théâtres; mais, malgré tout cela, misère de Dieu!... malgré ces imperfections et ces ignorances que je signale, j'ai le droit de dire qu'il est honteux de voir à l'époque où nous sommes, époque où, avant tout, on devrait être sage et humain, de voir, dis-je, s'élever devant les auteurs dramatiques débutants, des barrières infranchissables.

Les hommes de la Constituante avaient cru de la meilleure foi du monde, détruire la féodalité pendant la nuit du 4 août. La féodalité dramatique leur a, en tous cas, échappé.

Malgré toutes les révolutions successives que nous avons subies, tous ces *arrivés* autoritaires, — je parle ici des auteurs, — exigent que vous fassiez vos preuves, comme autrefois on en faisait pour monter dans les carrosses du roi.

— Et quelles preuves ?...

— Ayez un nom !... un nom !...

On a beau leur répondre qu'ils ont dû commencer eux-mêmes, par se donner une notoriété et qu'ils n'y sont arrivés qu'en se faisant jouer, ils feignent de ne pas vous entendre !

Ah ! pauvres croquants du monde des théâtres, vous êtes bridés comme des animaux par les talons rouges parvenus !

Ah ! malheur de malheur !...

Ils n'ont pas monopolisé l'esprit et la verve que je sache, et chacun devrait avoir, au moins, le droit de s'adresser librement à celui qui juge en dernier ressort et sans appel : au public. Sans cela, savez-vous ce qu'il adviendra ? — Ce qui existe déjà. — Les grands seigneurs susdits, qui tiennent à voir leur *nom* sur les affiches de deux ou trois théâtres parisiens à la fois, imposeront leurs héritiers mâles à leur siècle. Ce cas est à craindre ; et nous en avons même plusieurs, actuellement. Il en est parmi nos auteurs modernes qui ne doivent leur situation qu'à leur parenté pour avoir collaboré, à leurs débuts, soit avec leur père, leur oncle ou leur cousin.

J'en connais très bien qui sont tout jeunes et qui sont déjà arrivés ... lesquels n'ont pas plus de talent pour cela.

Regardez bien tous les noms connus et vous les trouverez comme moi !

Ah ! malheur de malheur !...

Alors, ce n'est plus une classe de lettrés que nous aurions ; mais une caste qui transmettrait son nom, comme on transmet un titre de noblesse, un titre de rente, ou une couronne royale dans les pays de traditions.

Les hommes du moyen âge, eux, n'attachaient l'hérédité qu'aux fiefs.

Notre génération, plus orgueilleuse, pousserait le principe jusqu'aux produits de l'intelligence et de l'esprit !

Autrefois, un de ces parvenus-là, osa me dire : que tout individu inconnu au théâtre était un fruit sec.

Ah ! ça, voyons, il faut cependant l'heure des débuts pour les autres, comme il y en a eu pour vous !...

J'aime à croire que vous n'étiez pas répandus tant que cela, à la sortie du collège !... si toutefois, vous avez commencé à écrire dès cet âge-là.

Allez !... allez !... croyez-moi, ne vous érigez pas en obstructionnistes, et ne décrétez pas d'incapacité les écrivains de l'avenir.

De quel droit, croisez-vous la hallebarde devant les nouveaux venus ?...

Nous avons tous le droit à la lumière.

Le public est à l'auteur ce que le gendre est à la belle-mère et le mouron, aux petits oiseaux.

Mais moi, Diogène, je vous ai devinés, il y a fort longtemps !... Vous avez faim, et vous craignez d'autres dents aussi longues que les vôtres ; voilà la vérité.

Vous désirez garder, pour vous seuls, tous les mets qui composent le repas.

Ai-je touché juste ?...

Vous voulez conserver vos aises dans les banquets de la vie et jouer librement du coude et de la mâchoire, les jambes écartées sous la table ; vous n'avez qu'une terreur : c'est celle d'être dérangés.

Allons, allons, messieurs les convives ; serrez-vous un petit peu de temps en temps, et faites place à ceux qui, comme vous, ont besoin de manger !...

— Ah ! ça, me direz-vous, où sont-elles donc les pièces de théâtre que vous avez écrites ?...

— Je n'en ai plus !... pas une seule ne me reste ; je les ai détruites, quand je me suis trouvé las, épuisé, découragé comme les autres, des désillusions que j'ai subies sur ma route. Je me suis dit en philosophe que je suis :

« Pas de ça, Diogène !... ne joue plus « à l'auteur dramatique, puisqu'on ne « veut pas te *jouer !*... Assez d'espé- « rances déçues ! brûle toutes tes pièces « et même tes scénarios et reviens à ton « vieux crochet ; tu auras toujours ton « pain assuré. »

Ah ! malheur de malheur !...

J'en avais assez, d'avoir le ventre vide et de cacher ma misère sous un habit noir en grimaçant des sourires pour solliciter que l'on m'ouvrît une porte.

O comédie humaine !

Pauvre drame !... aller échouer au tas

d'ordures de la rue !... Voilà donc le sort qui t'était réservé !

J'en ai bien d'autres, en ma possession, des manuscrits trouvés, de la sorte, là-bas, dans la *Villa des chifortons*; tu iras en grossir le nombre !

Allons !... à la hotte !...

ADULTÈRE
CONCUBINAGE INCESTUEUX
ET
L'ŒUVRE DE LA BOUCHÉE DE PAIN

VII

ADULTÈRE
CONCUBINAGE INCESTUEUX
ET
L'ŒUVRE DE LA BOUCHÉE DE PAIN

> Restez plutôt cent fois célibataire,
> N'aimez jamais, ô femme de plaisir,
> Vous qui voulez commettre l'adultère,
> Quand vous avez un nom pour vous couvrir.
> De l'inconnu, le vice plein de grâce
> Vous fait tromper sans pudeur, sans pitié,
> Disparaissez, catin, pour faire place
> A la vertu qui passe et marche à pied.

Ah ! c'est trop fort, par exemple !... comment !... voilà Grapille qui se promène sur les grands boulevards, sans avoir l'air d'être inquiété ?... Vous savez bien, Grapille, le banquier, dont je vous ai déjà parlé, celui qui a filé en Belgique, en emportant ce qui appartenait à sa clientèle !...

Je n'y tiens plus ; il faut que je l'aborde.

— « Dites donc, monsieur Grapille, « maintenant que votre affaire est faite, « voulez-vous occuper vos loisirs ?...

— « Très volontiers.

— « On organise en ce moment l'orchestre d'une grande fête de nuit au « Grand-Hôtel. J'en connais le chef et je « vous ferai engager.

— « Impossible !... je ne suis pas musi« cien.

— « Allons donc !... pas de fausse mo« destie ; tout le monde sait que vous « jouez joliment de la *caisse*.

— « Farceur, va !... mais j'aperçois à « deux pas, le jeune Gontran de la Haute« Futaie qui a laissé sa fortune dans...

— « Dans vos mains ?

— « Non !... dans des tripotages de

« Bourse, je ne veux pas être vu de lui ;
« permettez que je vous quitte.

— « Je comprends ; dépêchez-vous de
« faire demi-tour.

Comme Grapille s'éloigne, je reste arrêté devant M. de la Haute-Futaie qui s'avance vers moi.

— Grand Dieu !... comme vous avez
« l'air bouleversé !... vous êtes tout pâle,
« que vous est-il donc arrivé, mon cher
« Gontran ?...

— « Ah ! mon cher Diogène, ne m'en
« parlez pas... mon oncle vient de mou-
« rir aliéné.

— « C'est une bonne affaire pour vous;
« vous faites un héritage ?...

— « Mais non !... du tout !... ses biens
« l'étaient autant que lui !... »

Ah ! malheur de malheur !... ce que c'est que la société !...

Là, maintenant que Gontran de la Haute-Futaie est parti, laissons-le aller en proie à son exaltation... légitime et allons poser notre falot bien allumé sur une borne, au coin de la rue de la Lune et de la rue Poissonnière ; j'ai une bonne raison pour cela. Hier, à pareille heure, j'ai rencontré Mme V...

Vous le connaissez bien, V..., ce bon et joyeux garçon qui s'est établi, il y a quelques années, marchand de meubles, sur le boulevard Montmartre ?...

Il est toujours aussi aimable et aussi gai que par le passé ; car il est loin de se douter que son épouse le trompe presque quotidiennement. Dame !... après tout !... comme V... vend de la literie, sa femme qui ne manque pas de qualités, veut peut-être faire la *place* pour la marchandise de la maison, en essayant les matelas des *autres !*

Par les temps qui courent, on ne sait plus à quelle réclame s'ingénier pour faire aller le commerce !...

Mais trêve de plaisanterie !...

Ah ! malheur de malheur !... quelle ordure, quel détritus, que Mme V... ! L'osier de ma hotte en tressaille de honte, rien que d'y penser !...

Et dire que ce fumier-là sortait du couvent !... c'est à en faire changer — de stupéfaction — en statue de pierre, le concierge de l'obélisque !...

Ah ! ce cher V..., si je l'avais connu avant son mariage !... quels bons coups de crochet j'aurais donnés dans le tas !... ma hotte eût été pleine sans sortir de la famille de sa femme !... A commencer par sa belle-mère, une vieille *jument de retour* qui *spchuttait* avec un vétérinaire bien connu dans la société parisienne.

Connaissant parfaitement la musique, elle s'amusait à pianoter dans certaines soirées où le vétérinaire lui apprenait parfois l'art de... sa médecine, si bien que dans l'une comme dans l'autre science, tous les deux s'accordaient à trouver qu'il y avait *sept tons !...*

Ah! misère de Dieu!... quel tableau pour sa fille!... je ne vous dis que ça!... aussi, l'élève a profité des leçons du professeur qui n'est plus, et a laissé son maître de beaucoup en arrière.

Le progrès n'est-il pas dans tout !... dans le mal comme dans le bien?...

Donc, hier, en passant par ici, j'ai aperçu Mme V... qui se dérobait avec un jeune *boudiné* au café du coin.

Une femme qui trompe son mari... le fait n'est pas rare à Paris et même ailleurs; mais le piquant de la chose, c'est que celle dont je vous entretiens, m'est connue tout particulièrement.

Tiens!... justement, la voici !... ça ne pouvait pas mieux tomber. Mon falot placé comme il est là, sur cette borne, je puis, restant dans l'obscurité, voir sans être aperçu.

Vite, ma hotte sur le dos et le crochet en main !... Voilà ma marchandise accouplée qui rentre dans la maison que j'ai signalée.

Ah ! misère de Dieu !... il n'y a donc pas de *lanciers du préfet* dans le quartier, pour donner un bon coup de balai à ça, jusque dans le milieu de la rue ?...

Néanmoins, voyons ce qui va se passer !...

Ils entrent dans un cabinet particulier, ils ferment les rideaux... Retournons donc mon falot de leur côté.

Je taperais bien dans *le tas !...* mais, foi de Diogène, j'y renonce ; c'est trop écœurant !... J'aime mieux remettre mon falot à sa place que de continuer à regarder les ignobles saletés que je vois en ce moment...

Ah ! la femme adultère !... Combien elle me répugne ! de toutes mes ordures, c'est la plus dégoûtante !...

Les femmes ne comprendront-elles jamais qu'il n'existe point de bonheur sans vertu?...

Si la femme coupable savait ce que pense d'elle le misérable qui l'a séduite, lorsque la passion amortie laisse à la raison reprendre son empire, elle se donnerait la mort; car, aux yeux de son amant, elle est descendue plus bas que la malheureuse qui sollicite le passant au coin de la rue.

Celle-là, du moins, s'affiche, se fait connaître... on sait ce qu'elle est... que ce soit par vice ou pour manger... l'erreur n'est pas possible! Elle ne doit compte de sa conduite qu'à la police; tandis que la femme adultère doit compte à Dieu de ses serments, à son mari, de son honneur et à sa famille, de sa vertu!...

Le jour où la femme abdique sa pudeur, les fantômes de la honte et de la vengeance se dressent debout devant elle et même, lorsqu'elle serait bien sûre de la discrétion de son amant, peut-elle dormir tranquille, la malheureuse ?...

Un rêve peut tout dévoiler !!!

Oh! c'est horrible !... Être auprès de de son mari, dont elle a tué l'honneur, c'est comme si elle était couchée côte à côte avec le cadavre de l'homme qu'elle viendrait d'assassiner.

Elle a dit adieu pour toujours à la paix et au bonheur de la famille; comment peut-elle embrasser avec plaisir des enfants innocents, cette femme que le remords dévore ?...

Pour s'étourdir, elle cherchera le bruit du grand monde et l'atmosphère corrosive des fêtes et des bals où elle croira pouvoir respirer; mais le poids de sa honte l'affaissera sur le canapé doré du salon, comme sur la chaise du foyer domestique.

Alors, pour en finir avec le scrupule,

elle analysera la philosophie dans sa tête exaltée ; elle se proclamera la femme forte ; elle sera la femme libre !...

Les autres qui ne penseront pas comme elle, seront des cerveaux aplatis sous le marteau du préjugé.

Place au libérateur en jupon qui proclame l'émancipation de son sexe !... Oui... mais ne lui parlez pas d'une femme vertueuse !...

Le tableau d'une vie saine et pure auprès de petits enfants que l'on adore, ne saurait lui plaire !...

Grâce pour la femme forte ; ayez pitié de sa faiblesse !...

Puis, l'âge arrive ; les adorateurs se retirent ; elle est décrépite, affreuse, couverte de rides encore précoces ; alors que fait-elle ? elle se donne à Dieu ; le diable n'en veut plus !... Elle devient dévote ; elle va à l'office tous les jours. La voyez-vous, marguillier femelle, factotum de paroisse, caquetant, médisant, l'intolérante pie-grièche ?...

Elle voudrait que Dieu ne pardonnât à personne, parce qu'elle voudrait accaparer, à elle seule, sa miséricorde, dont elle sent qu'elle a tant besoin !...

Ah ! malheur de malheur !... de tout ce que je viens d'apercevoir à travers les rideaux de la fenêtre où je regarde encore malgré moi, ma hotte est à moitié pleine.

Ah ! si V... était derrière mon falot !...

Mais regagnons le boulevard Poissonnière, car si je me mets maintenant à fouiller dans ces *saletés-là*, je suis certain de me trouver dans l'obligation de prendre des ouvriers quotidiennement et d'avoir des rentes dans quelques années.

Dame !... pensez donc !... les tas d'ordures de l'adultère sont si gros dans Paris ?...

J'en ai connu encore une autre de ces

margots légitimes-là, qui, tout dernièrement s'étant fait pincer avec son complice, passait en police correctionnelle, et comme le président du tribunal lui disait :

— Quoi !... vous niez le flagrant délit d'adultère !... alors, comment expliquez-vous que l'on ait surpris dans votre chambre à coucher un homme dans un costume d'une légèreté...

— Monsieur le président, s'écria-t-elle, c'était une victime de la grève des tailleurs !...

Ah ! malheur de malheur !... quelle audace !...

Nous voici sur le boulevard.

Ah ! quelle défilade !... c'est à peine si je peux passer avec ma hotte ; on ne dirait pas qu'il est une heure avancée de la nuit !!...

Regardez donc comme toutes ces *immondices* sont couvertes de poudre de riz faite avec de l'amidon!... allez donc remuer ces détritus?... toutes les odeurs y sont réunies : l'oppoponax et l'eau croupie; le patchouli et l'exhalaison du fumier, et au fond de tout cela, bien sûr que les *asticots* grouillent.

Les badauds, les naïfs qui passent sur les trottoirs ont là du *gibier de Saint-Lazare* à discrétion!...

Diogène, mon ami, ne stationne pas davantage ici. Il y a trop d'ouvrage pour ta hotte... elle est trop petite, assurément... Tu reviendras demain, avec un tombereau à deux chevaux; cela fera bien mieux ton affaire.

Halte au falot!...

Ah! qu'est-ce encore que ceci?...

Voilà ma lanterne qui brille d'un éclat inaccoutumé. Il y a certainement dans les environs quelque chose qui ne sent pas bon.

Ah! j'y suis! je n'y pensais plus!...

Tenez, c'est là, en face de nous, dans cette brasserie aux vitraux gothiques qui a pour enseigne : *A la Dame de Cœur*.

Vous ne devinez pas ce qui a pu se passer dans cette *grenouillère*, n'est-ce pas ?...

Je vais vous narrer les faits :

Figurez-vous que la patronne de cet établissement interlope une brune plantureuse, s'était éprise d'un jeune *boudiné*, dont le père commerçant, aussi riche qu'avare, refusait à son fils les pièces de cent sous nécessaires à son existence orageuse, par la raison que, vert encore lui-même, il ne dédaignait pas de courir la prétentaine en galante compagnie et de fouler les dangereux sentiers de Cythère.

Un jour, il entra, par mégarde, prendre un bock dans cette brasserie et n'eut pas lieu de se plaindre de son erreur ; car il devint immédiatement amoureux de la patronne — la belle Lydia, pour les amis; madame D..., pour le monde. —

Le fils fréquentait l'établissement de dix heures à minuit; le père l'y précédait, chaque soir, après la fermeture de son magasin et en sortait à neuf heures au plus tard.

Le hasard qui fait si bien les choses, avait voulu qu'ils ne s'y rencontrassent jamais avant ce jour.

N'est-ce pas que l'événement est drôle?... un vrai scénario de vaudeville pour le théâtre du Palais-Royal, quoi!... mais ne riez plus; parce qu'il a failli tourner au tragique et devenir un sujet de drame pour le théâtre de l'Ambigu.

Ah! malheur de malheur!... voilà que ça commence à sentir mauvais à force de fouiller dans le *tas;* mais continuons notre travail, à la lueur de mon vieux falot.

Depuis quelque temps déjà, le négociant remarquait avec plaisir que son fils lui demandait beaucoup moins d'argent que par le passé, et en vieux *grelotteux* qu'il est, il en profitait pour mieux satisfaire les désirs coûteux de Lydia, à la brasserie de *la Dame de Cœur*.

D'autre part, celle-ci se montrait charmante avec le fils et ne le laissait manquer de rien.

L'eau va toujours à la rivière.

En voici une preuve ; puisque l'argent ne sortait pas de famille.

Oh ! misère de Dieu !... quelle odeur s'exhale de tout ça !... Allons, Diogène, mon ami, aie le courage de remplir ta hotte; tu mettras des ficelles pour retenir le trop plein, si le besoin s'en fait sentir...

Allons !... un bon coup de crochet !...

Donc ce soir, le fils arriva chez sa belle à huit heures et demie, juste au moment où son père était dans la situation... où l'on désire le moins être dérangé...

Cela se passait dans l'appartement du premier étage; aucune lumière ne brillait aux fenêtres. Le jeune homme entre comme de coutume chez sa maîtresse... Il va jusqu'à la chambre à coucher... la porte en était fermée... Tout à coup, il entend chuchoter... Alors, il devine la scène qui pouvait se passer dans l'obscurité... D'un coup d'épaule, il fait voler la porte en éclats et tombe à bras raccourcis sur son père qui, croyant avoir affaire au mari de la belle, s'enfuit sans dire mot.

Pouah!... quelle infection!... ah!... malheur de malheur!... quel monde l'on rencontre maintenant!...

Je m'en vais de dessus ce tas de fumier-là; j'ai le cœur qui se soulève de dégoût! Que deviennent donc les mœurs aujourd'hui?...

Ah! misère de Dieu!... dans quel siècle vivons-nous?...

Halte au falot!...

A la bonne heure, au moins! nous voilà devant l'œuvre de *la Bouchée de pain!* Cela me réconforte un peu de voir que par ces temps de haines, de rivalités, et d'hypocrisies, il se trouve tout de même des gens de cœur qui pensent aux misérables qui souffrent les tortures et les angoisses de la faim qui les tenaille, en faisant saigner leurs flancs amaigris. On ne saurait trop louer ces hommes de bien.

Aussi l'œuvre philanthropique de la *Bouchée de pain* rend-elle d'immenses services à l'humanité?... Combien de malheureux a-t-elle sauvés d'une mort lente et terrible, ou bien encore du suicide qui, souvent, devient le suprême espoir de ceux pour qui la vie est une charge qu'ils ne peuvent plus supporter ?...

Combien d'actes de vagabondage a-t-elle fait éviter ?

Combien d'êtres, de parias, n'ont pas dû passer en police correctionnelle, grâce à cette œuvre ?...

Il serait curieux de voir cette statistique de tous les misérables secourus par cette innovation bienfaisante ; ce serait éclairer d'un nouveau jour la grande misère quotidienne de Paris.

L'œuvre de la *Bouchée de pain*, qui prend de l'extension tous les jours, a plus d'une succursale que vous pouvez voir tout comme moi, en flânant par les rues de notre Babylone moderne.

Si vous avez besoin — ce que je ne vous souhaite pas ; mais enfin, on ne sait pas ce qui peut vous arriver dans l'existence... et, quand on a faim, on n'a pas de fausse honte, — entrez dans l'une de ces maisons et vous en sortirez restauré un tant soit peu.

Ah ! c'est que le menu est modeste et ne varie jamais... D'ailleurs, le voici :

Pain.		250 grammes.
Légumes .	Haricots. . . . . Lentilles. . . . . Poids secs. . . .	25 centilitres.
	Eau à discrétion.	

Vous pouvez remarquer que vous avez le choix des légumes... Mazette !... quel luxe !... Après tout, n'est-ce pas charitable de vous donner tout cela pour rien ?... On peut remercier les hommes qui se trouvent placés à la tête de la Société, et qui en sont presque tous les fondateurs ; car ils ont créé là une œuvre humanitaire et il est si rare, à l'époque où nous sommes, de trouver sur sa route des hommes bienfaisants !...

Diogène, mon ami, il se fait tard ; reprends le chemin de la *Villa des chi-*

fortons ; la nuit prochaine, tu reviendras sur ton vaste et fertile champ d'observations pour en faire de nouveau ton profit !

LES AFFICHES VIVANTES

VIII

LES AFFICHES VIVANTES

> Ainsi, toutes les nuits,
> En flânant dans Paris
> A la clarté de ma lanterne,
> Je ramasse
> Et j'entasse,
> Ce que dans le jour,
> On a laissé pour
> Ma hotte moderne.

Halte au falot !!!...

Ah ! çà, est-ce que je suis gris ?

Est-ce que j'aurais bu un coup de trop sans m'en apercevoir ?

Je vois marcher les becs de gaz.

Allons donc !...

— Ah ! misère de Dieu !... Qu'est-ce que c'est que cette suite de lampadaires qui s'avancent à ma rencontre ?

— Suis-je le jouet d'une hallucination?

— Tiens! que je suis sot! ce sont des hommes-affiches. On ne peut donc plus faire un pas dans Paris, sans se heurter à cette file de déguenillés, à ces misérables aux faces hébétées, à la démarche traînante qui se sont transformés, par le besoin de vivre, en véritables affiches-vivantes!

Des femmes également, sont affublées de toutes sortes de costumes de réclames, plus ou moins carnavalesques.

Ah! malheur de malheur!...

Voilà l'homme obligé à présent, de faire concurrence aux pans de murs de nos rues, à l'intérieur des urinoirs des boulevards et aux clôtures en planches!

Ce sont les Anglais, dit-on, qui ont importé ce mode de publicité chez nous.

Ils auraient mieux fait de le conserver pour eux.

Prendre de pauvres diables, les encastrer ainsi, entre deux planches, l'une sur le ventre, l'autre sur le dos, et les envoyer sur la voie publique, tortues ridicules et navrantes, étaler les boniments d'une maison de commerce quelconque, pour tâcher d'allécher le client et le forcer à acheter !!!

Quel puffisme inouï !

C'est, tout bonnement, désolant et honteux.

Je sais bien, par ouï-dire, que Londres, la cité dolente, est la ville commerçante par excellence, où la misère, la plus noire que l'on puisse voir, exhibe sa nudité décharnée, d'une façon sordide et hideuse.

Mais, misère de Dieu ! nous sommes Français ! Que le travail ne marche pas, que le commerce souffre ; nous n'en sommes pas encore arrivés à ce degré de charlatanisme écœurant pour tout le monde !...

Ne copions pas nos voisins ; laissons-les avec leurs mœurs de la féodalité moderne ; ou bien, si nous n'innovons pas toujours, prenons, du moins, une invention ingénieuse, ayant un but humanitaire. Qu'une pareille chose soit amplifiée, modifiée, poussée jusqu'au perfectionnement ; voilà ce que je comprends.

Ah ! malheur de malheur !...

Regardez-moi donc çà !... mais c'est un véritable bataillon de meurt-de-faim qui défile !!!!...

Voyez-vous toutes ces lumières qui s'amènent les unes après les autres ?

Discernez-vous ces lanternes en papier, posées en l'air sur deux longues tiges de fer qui, à l'autre bout, par en bas, emboîtent des épaules humaines ?

Et sur le papier de ces lanternes,

quelles inscriptions se lisent à la clarté intérieure ?...

C'est ma foi très engageant, comme invitation, si vous avez une soirée à disposer.

Lisez plutôt :

— *Brasserie des Cochons.*
— *A la Puce qui renifle.*
— *Allez voir les Vaches.*
— *Aux Saligauds de l'époque.*

Les adresses de ces établissements suivent ensuite :

O galanterie française tant vantée, qu'es-tu devenue ?

Et puis, au fait, puisqu'il s'agit encore, comme toujours, des brasseries de femmes, véritables lupanars autorisés sans payer l'impôt, il n'est point besoin de prendre de gants — pour me servir d'une vieille expression commune que chacun connaît — car, des gants, je les salirais au contact infect des êtres avilis qui font leur dégoûtant métier dans ces bouges-là.

Mais revenons au sujet qui nous occupe, en ce moment : aux becs de gaz ambulants de nos rues.

Ah ! malheur de malheur !...

J'ai beau les regarder de nouveau pour chercher à chasser les idées qui m'assiègent, je trouve ce spectacle honteux pour notre civilisation.

Ne dirait-on pas que l'on est allé fouiller dans tous les magasins d'accessoires, pour dénicher des oripeaux de carnaval, afin de les jeter sur les épaules de ces misérables figurants de la spéculation parisienne ?...

Il y a de tout, quoi !...

Des mousquetaires, des sapeurs avec leurs bonnets à poils, des apothicaires du temps, des exotiques et des Arabes des Batignolles ou de Vaugirard, des seigneurs de Louis XV et des *Copurchics*, à l'habit à queue-de-pie, le monocle sur l'œil et le camélia à la boutonnière. Tout ça, portant une ou deux affiches, va et vient à travers Paris pour gagner sa vie; avoir du pain pour quelques jours.

On est encore bien content quand on n'a ni feu, ni lieu; ni sou, ni maille, pour manger un peu, d'errer indifférent, stoïque, en portant une affiche au-dessus de sa tête, avec des hardes d'emprunt qui cachent et réchauffent les membres amaigris par la lutte des privations.

Voilà, ce que celui qui a souffert arrive à se dire en voyant ces misérables.

Certes, il a raison.

Néanmoins, que cela leur soit une ressource ou non, on ne nous empêchera pas de dire bien haut qu'il est affligeant de contempler de pareilles processions.

Le monde croissant de ceux qui se disputent cette bizarre profession — si toutefois, cela en est une — est un bien triste indice pour le commerce et pour l'industrie de Paris.

Ah ! misère de Dieu ! je suis heureux, à l'heure actuelle, d'avoir ma hotte sur le dos et mon crochet à la main ; mon pain est toujours assuré en fouillant dans le tas ; c'est quelque chose par le temps qui marche.

Certes, je suis bien assujetti aux intempéries des saisons ; mais, après tout, je suis mon maître, et, en vrai philosophe que je suis, foi de Diogène ! je goûte dans le travail les bienfaits de la liberté.

Ah ! je le répète ; ces hommes-affiches sont un indice des plus tristes ; et s'ils sont une ressource suprême dans la crise commerciale ou industrielle, cela prouve le grand chômage, la grande misère de l'avenir ! Si ces malheureux en sont arrivés à accepter un semblable travail, c'est qu'ils n'ont pu trouver autre chose à faire dans leurs moyens. Ils se sont résignés à devenir une affiche, parce qu'ils n'ont pu obtenir nulle part, une place de travailleur.

Ah ! malheur de malheur !

Les lanceurs d'affaires, les marchands de poudre de perlimpinpin sont si nombreux dans ce monde, que la réclame multiplie chaque jour. Leurs efforts sont tellement grands que tous nos trottoirs sont entièrement envahis, si l'on n'y met ordre en haut lieu, par toutes sortes d'affiches en marche.

Je me suis laissé dire, qu'en Angleterre, pour éviter ainsi, l'encombrement des *sandwichs,* on leur interdit et la chaussée, et le trottoir.

— Alors, où marchent-ils, me demanderez-vous ?...

— Dans le ruisseau des rues !!...

C'est simple, n'est-ce pas ; mais, à la fois, c'est horrible.

Ah! c'est que le peuple anglais est un peuple pratique! Heureusement pour nous, nous n'en sommes pas là. Cependant, il ne faudrait pas que cette mode persiste et que le nombre des prospectus ambulants augmente; car des spéculateurs parisiens seraient capables de demander non pas qu'on les supprime — cela nuirait au commerce — mais qu'on les repousse dans le ruisseau comme en Angleterre.

Nous appartenons tous, chacun dans notre sphère, au troupeau des moutons de Panurge.

Qu'un mannequin quelconque, revêtu d'une affiche ou d'un prospectus, soit placé en vedette pour faire de la réclame, vite, nous courons nous grouper autour de lui et quand, sous notre impulsion collective, le mannequin se met à avancer cahin-caha, nous marchons à sa remorque, sans nous soucier si, « panache blanc », il nous conduit sur le chemin de la gloire... ou de la déroute ; sans regarder si, drapeau de telle ou telle couleur, il est l'emblème du patriotisme ou de l'oppression... de la vérité ou du mensonge !

Nous sommes ainsi, pour toutes choses.

Alors que nous avons suivi le mannequin, nous achetons sa marchandise parce qu'il nous dit sur toutes les gammes et dans toutes les rues qu'il est le meilleur des chocolats... le plus infaillible des remèdes... même en voyage... le moins cher des restaurants à la mode... ou le plus primé des journaux.

Ah! malheur de malheur! ne sommes-nous pas à une époque où la réclame est tout, et la réalité, rien ?... Depuis les plus hautes sommités du monde politique, jusqu'au plus humble tréteau du banquiste de la voie publique, en passant par tous les degrés intermédiaires, la réclame, semblable aux écuyers de nos cirques, fait des sauts périlleux, des cabrioles impossibles, des tours de trapèze extraordinaires et s'ingénie chaque jour à trouver des exercices inédits capables de capter l'attention et l'intérêt du public.

Et, misère de Dieu ! on se laisse toujours prendre à ces métamorphoses du puffisme !...

Je vous le répète, la poudre de perlimpinpin est éternelle !

Eh ! bien, moi, Diogène, je n'ai jamais eu l'idée, dans mon métier de chiffonnier, d'user de cet agent qui, mieux que le pickpocket le plus adroit, sait soutirer l'argent de la foule sans provoquer la moindre plainte de la part de l'individu dévalisé qui, au contraire, lèvera le plus souvent son chapeau pour vous saluer, en ayant l'air de dire : « Merci beaucoup de m'avoir soulagé de ma monnaie. »

Nous serons toujours les mêmes; je le vois bien.

Nous sommes gobeurs à l'excès et nous ne changerons pas aujourd'hui. On ne trouvera jamais une balance assez grande pour peser la bêtise humaine et il n'existe pas de sonde qui puisse en toucher le fond.

Nous couperons sans cesse et toujours, dans le pont des mêmes cartes éternellement biseautées.

Vous dites que je peux me passer de réclame ?... c'est possible; mais il me serait facile, très facile même, à moi, ouvrier nocturne, d'en faire pour le compte des autres et cela, sans me déranranger de mon travail.

Me voyez-vous, avec une hotte transparente, entourée d'affiches, sur le dos?

Pendant que je fouillerais dans le tas d'ordures avec mon vieux crochet, les badauds s'arrêteraient autour de moi pour lire une annonce curieusement rédigée.

Vous comprenez bien que c'est pratique également dans mon métier.

Il est vrai que la mode nouvelle peut servir aussi aux protestations des désespérés, aux revendications des révolutionnaires...

On y a pensé en Autriche, à Vienne, où la misère est aussi profonde qu'ici, si elle ne l'est pas davantage. J'ai lu ça, l'autre matin, sur un lambeau de journal que j'avais ramassé dans le tas.

Il paraît que les ouvriers sans travail se sont promenés par les rues, silencieux ; mais carapacés de deux planches portant ces mots en grosses lettres : « *Donnez-moi du travail ; j'ai faim !...* »

Nous la verrons, peut-être aussi chez nous, cette application du *Sandwich* au problème social.

Que ce soit, au moins, le plus tard possible, jamais! si cela se peut !...

Nous n'avons pas besoin d'un spectacle qui serait grandiose et terrible à la fois.

Ah! misère de Dieu !... J'en frémis, rien que d'y penser !...

Voyez-vous défiler le long de nos boulevards, à travers nos quartiers luxueux, une véritable armée de va-nu-pieds hâves, étiques, chancelants qui, sans pousser un cri, même une menace, réclameraient du travail pour avoir du pain, par le seul moyen de tragiques affiches posées sur leurs dos ?...

En attendant, je ne veux plus regarder les malheureux qui passent devant moi.

Heureusement que ce sont les derniers !

Je retourne mon falot de l'autre côté ; car je me figure voir, en ces déguisés à pancartes, la descente de la Courtille, comme au temps passé — mais la descente de la Courtille du dénuement, avec les CHIENLITS du désespoir !!

LES BRASSERIES DE FEMMES

ET

LES PETITES MARCHANDES DE FLEURS

IX

LES BRASSERIES DE FEMMES
ET
LES PETITES MARCHANDES DE FLEURS

Aux sentiments les plus sacrés, rebelles,
Vous promenez partout votre œil vainqueur;
C'est le démon qui vous forma si belles,
En oubliant de vous donner un cœur.
Ce don du ciel qui manque à votre race,
Vous rend sans crainte et vous fait sans pitié...
Filles de marbre, arrière et faites place
A la vertu qui passe et marche à pied!...

Sus! à la prostitution!... C'est le cri d'alarme que je ne cesserai de jeter à l'humanité, pour qu'elle n'en soit pas victime.

Vous allez, sans doute, m'objecter que j'ai déjà agité cette question en parlant des brasseries de filles du quartier

Latin; c'est vrai. Mais comme je ne vous ai jamais conduits dans un de ces établissements, pour vous le dépeindre, nous allons y entrer si vous le voulez bien.

Précisément, nous voilà sur la place de la République, à deux pas de la brasserie appelée vulgairement : *La Vacherie du Château-d'Eau.* Un modèle du genre, à ce qu'il paraît; profitons-en.

Ah! misère de Dieu!... Votre curiosité s'éveille, hein?... Vous êtes désireux d'entrer là dedans avec moi!

Allons! suivez votre ami Diogène qui va chercher dans ce bas-fond de Paris quelques chiffons à mettre dans sa hotte et, en même temps, satisfaire sa clientèle.

Jetons un coup d'œil à la lueur de mon falot.

Minuit sonne à l'église Sainte-Elisabeth, entendez-vous ? c'est l'heure propice pour notre visite.

Là !.., suivez-moi bien et surtout, prenez garde de trébucher sur les détritus.

Vingt-cinq marches à descendre !... Nous y voilà !...

A droite, un comptoir où trône une plantureuse matrone aux formes accusées. A gauche, une salle garnie de tables en marbre blanc, de banquettes de cuir et de moleskine.

Là, vont, viennent, causent, jouent et boivent à qui mieux mieux, avec les habitués de cet établissement interlope une vingtaine de filles de brasserie. Les clients de la *Vacherie du Château-d'Eau* se divisent en trois classes bien distinctes :

1° *Les badauds,* 2° *les dépravés,* 3° *les souteneurs.*

Cette dernière catégorie que l'on

retrouve à tous les degrés de l'échelle sociale, brille par la grande quantité dans cette brasserie nocturne.

— Diogène, mon ami, écoute cette conversation qui s'engage à côté de toi, entre ces deux décavés rachitiques, vieillis avant l'âge et cette fille anémiée par l'insomnie de la débauche :

— « Je te le dis franchement, Fer-
« nand, si tu continues de la sorte, tu
« n'iras pas loin, mon bonhomme. »

— « Allons donc !... je suis fort comme
« un Turc, et la preuve, c'est que voici
« la cinquième nuit que je passe ainsi ;
« pas vrai, Lansquenette ?...

— « Oui, j'en suis témoin ; tu as raison,
« Fernand ; amuse-toi toujours. Vrai !...
« moi, je te trouve gai comme un pin-
« son et frais comme une rose. »

Allons, donc !... nouveaux Faublas de la Babylone moderne !... Taisez-vous ! lovelaces menteurs ; car à votre assertion plus que hasardée, la nature elle-même, semble vouloir donner un démenti !...

... Ne vois-je pas vos traits crispés, grimacer des sourires ?...

Ne vous vois-je pas porter la main à vos flancs amaigris et souffreteux ?...

Quoi !... c'est ainsi que l'on s'amuse, maintenant !...

Ah ! Diogène, mon ami, remonte vivement et regagne le bitume du boulevard Saint-Martin !...

C'est donc dans ces tripots honteux, dans ces endroits mal famés, dans ces réduits licencieux où règnent, en toute liberté, l'intempérance et la débauche, que la jeunesse d'aujourd'hui va engloutir à la fois, et sa santé, et son honneur, se livrant là, à toutes les passions qui peuvent dégrader l'homme... en lui faisant perdre l'aisance des manières et les sentiments exquis des convenances... bouges ignobles que nous a légués l'Allemagne depuis la guerre de 1870... cabarets infects où les sentiments délicats sont traités de folle chimère; la tendresse, de fadeur; la complaisance, de servitude; et les égards, de bassesse!... endroits où l'on peut dire de l'amour :

N'approchez pas, son manteau de théâtre
Cache un squelette aux membres décharnés;
Sur son visage est un masque de plâtre;
Ceux qu'il étreint sont bientôt condamnés;
Car, pour de l'or, sa bouche qui grimace,
Dans un baiser honteux, avilissant
Viendra coller ses deux lèvres de glace
Sur votre bouche et boira votre sang.

Ah! Béranger!... malgré tes détracteurs, où es-tu, avec ton vieux cabaret?...

C'était de mon temps
Que vivait la mère Grégoire;
J'allais à vingt ans
Dans son cabaret rire et boire...

O destin éphémère de la mode!... O ingratitudes de toutes les ingratitudes!... Ils ont disparu, ces cabarets illustres dans lesquels nos grands-pères et même nos pères, allaient sabler le champagne en compagnie de Lisette qui riait à belles dents. Et Lisette, elle-même, où s'est-elle envolée ?...

Encore une gaieté muette !... une étoile éteinte !...

Allons, Diogène, mon ami, parcours de nouveau le boulevard avec ton falot ; va fouiller d'autres tas d'ordures, tout en continuant ta chanson commencée tout à l'heure dans le faubourg :

Oui, votre règne a fait trop de victimes
Et nous avons par trop doré vos jours ;
Mais le mépris va creuser les abîmes
Où vous allez descendre pour toujours ;
Vous tomberez, comme tombe et s'efface
Un bijou faux qu'on a bientôt broyé...
Filles de marbres, arrière, et faites place
A la vertu qui passe et marche à pied.

Tiens !... si j'allais voir le boulevard Voltaire, puisque je me trouve dans le quartier !... Je ne chiffonne pas souvent par là ; peut-être y trouverai-je du nouveau !...

Le nouveau, ça tente toujours !...

Est-il donc long, ce boulevard ?... Mais qu'importe !... parcourons-le jusqu'au bout. Eh bien, oui !... c'est toujours la même chose !...

Je suis à peine à trente mètres de la place de la République, que j'aperçois une espèce de bouge aux carreaux multicolores, ayant une guérite pour porte d'entrée. J'élève mon falot et je lis l'enseigne suivante : *Brasserie des Vivandières.* C'est une maison de prostitution à l'instar de la *Vacherie du Château-d'Eau* que nous venons de quitter. Au lieu que les femmes soient habillées de différents costumes plus ou moins excentriques, elles sont revêtues chacune, d'un uniforme de cantinière de l'armée française.

Je reprends mon falot, parce que je ne

possède que peu d'huile ce soir, pour mon excursion nocturne.

Quoi !... encore !...

Ah ! ça, misère de Dieu !... ça n'en finira donc pas ? Ce quartier-ci en est donc infesté, tout comme ceux que j'ai déjà visités !!!... Voyons ça : *A la Goulue!* Ah ! malheur !... ce titre, sans nul doute, est inscrit là, pour perpétuer le souvenir de la danseuse naturaliste de ce nom qui a fait, tout un hiver, les délices des soirées de l'Alcazar du faubourg Poissonnière !

Si ça ne fait pas suer !...

Que voit-on de propre là dedans ?... Je vous le demande.

Il n'y a plus que ces sortes de marchands d'eau chaude et montreurs d'exhibitions qui font des affaires !...

C'est honteux à dire pour le siècle où nous vivons ! Dans les cafés qui avoisinent ces lupanars modernes, pas un

10.

client. Ces maisons végètent ainsi un certain laps de temps, puis, finissent par se fermer un beau soir, pour ne plus se rouvrir le matin.

Alors, l'opinion publique ne manque pas de dire : « Ils ont mis la clef sous la porte ; ce sont de malhonnêtes gens ! »

Ah ! misère de Dieu ! que je n'entende jamais dire cela devant moi !... ou gare aux coups de crochet !...

N'insultez pas ces gens-là... plaignez-les plutôt ; ils sont victimes des mœurs de l'époque qui sont dépravées !...

Toute la jeunesse préfère aller dans les brasseries de femmes, admirer ces filles sans pudeur et jouir de la vue des poitrines parfumées, plus ou moins flétries qu'on étale sous leurs yeux.

Ces jeunes gens qui sont, pour la plupart, des petits employés, des commis en nouveautés, des bureaucrates, aiment mieux s'ingurgiter chaque soir des bocks, en compagnie de Nana, de Georgina ou d'Hortensia, etc. — Tous leurs noms finissent en *a* — qui leur font des agaceries, leur disent des saletés et grimacent un faux sourire, la tête penchée sur leurs épaules.

Allons, allons ne dégénérons pas, misère de Dieu !... Soyons des hommes !... ne mettons pas les pieds dans ces *bouis-bouis-là*. Nous nous en repentirions plus tard !...

Voyons, jeunes gens, un moment de bon sens : rappelez-vous que toutes ces *grues* ne sont pas soumises à la visite médicale.

Rien que cela doit vous faire frémir !...

Ah ! misère de Dieu !... Je l'ai dit ailleurs qu'ici : Je ne voudrais seulement pas les toucher du bout de mon crochet ; je craindrais de ne pouvoir m'en servir après, pour continuer à chiffonner.

Décidément, c'est trop écœurant de voir partout ainsi de la prostitution.

Tiens !... qu'est-ce donc que j'aperçois là blotti sous cette porte cochère ?...

Une fillette qui grelotte et qui semble chercher un abri !...

Voyons donc ça, à la lueur de mon falot :

C'est, ma foi, vrai.

— Que fais-tu donc ainsi, accroupie contre cette porte, à pareille heure, mon enfant ?...

— Monsieur, je m'abrite contre le froid.

— Et dans quel but ?...

— Pour y passer la nuit !

— Pour y passer la nuit !... mais il faut rentrer chez tes parents !

— Ils me battraient.

— Pourquoi donc ça ?...

— Parce que la recette de la soirée a été très mauvaise pour moi.

— Que fais-tu donc, ma petite fille?

— Je vends des fleurs, le soir, dans les cafés et les brasseriès du boulevard.

— Ta recette est donc taxée?...

— Oui, monsieur, je dois, tous les soirs, rapporter vingt sous à maman.

— Et ce soir, combien as-tu fait ?

— Soixante centimes, monsieur.

— C'est la cause pour laquelle tu ne rentres pas dans ta famille?...

— Oui, monsieur. Quand je ne rapporte pas quotidiennement mon franc, papa me bat et me fait bien mal, allez !... Aussi, j'aime mieux attendre le petit jour ici.

— Pourquoi n'as-tu pas vendu toutes tes fleurs ?

— Le commerce ne marche pas, monsieur; on ne m'achète rien et quelquefois...

— Quelquefois?...

— Des messieurs me disent des choses qui me font rougir... que souvent je ne comprends pas... tenez, ce soir même, à deux pas d'ici... là-bas, dans ce grand café qui est fermé et qui était, tout à l'heure, ruisselant de lumière, on m'a insultée.

— Pauvre enfant !... Quel âge as-tu ?

— Quatorze ans, monsieur.

— Voyons, il faut rentrer chez tes parents, et ne pas s'entêter à rester ici.

— Ah ! non, monsieur, je serais trop battue par papa.

Ah ! misère de Dieu !... Il y a cependant une Société protectrice pour les animaux... et le charretier brutal est condamné quand il frappe son cheval, à l'amende ou à la prison !...

Je sais bien que les tribunaux punissent également les parents odieux qui frappent leurs enfants ; mais cela n'arrive que lorsque les faits sont trop connus ; que l'opinion publique s'en est emparée ; c'est-à-dire, quand le pauvre petit être est atteint d'une maladie organique qui en fait un infirme, qu'il a un membre cassé, que les tortures dont on l'a accablé, ont tari en lui les sources de la vie ! !

Il n'est plus temps, hélas !... il est trop tard pour remédier à ce vandalisme humain !... L'enfant n'a plus besoin de protection !...

Et quand, par extraordinaire, le tempérament a pu résister au martyre, que la mort n'a pas eu de prise sur la malheureuse créature, savez-vous ce qu'elle devient ?...

Je vais vous le dire :

Si c'est un garçon, il devient un mauvais sujet, un paresseux, un souteneur, un bandit !...

Si c'est une fille, elle se livre à la prostitution dès l'âge de quinze ans, et l'un comme l'autre, désertent le toit paternel pour aller vagabonder dans certains quartiers excentriques, avec de leurs pareils, des aînés, qui leur donnent de mauvais exemples et les enfoncent davantage dans le vice, jusqu'à ce que la police les ramasse dans une rafle, un beau jour, pour les conduire à la police correctionnelle.

De là, il ne leur reste que deux pas à faire pour aller en cour d'assises.

C'est la route de la Nouvelle-Calédonie.

Ah! malheur de malheur! Ces horreurs-là font vaciller la lueur de mon falot!...

J'en ai connu de ces parents bourreaux.

Lorsque je demeurais à Clignancourt, il se trouvait dans mon voisinage, une famille, composée du mari, un cordonnier; de la femme, une blanchisseuse et d'une jeune fillette de quinze ans qui apprenait le métier de sa mère.

De temps en temps, ses parents la

rouaient de coups ; cela causait un scandale dans la maison et souvent les autres locataires s'interposaient.

Un jour, ce fut mon tour.

— C'est horrible, dis-je, alors à la mère, après une de ces scènes; c'est cruel ce que vous faites-là.

— Que voulez-vous?... c'est une paresseuse, une *faignante* qui voudrait rester à rien faire.

La pauvre enfant était au travail depuis six heures du matin, jusqu'à neuf, et même quelquefois jusqu'à dix et onze heures du soir.

— Vous martyrisez votre enfant... vous l'abrutissez, ajoutai-je. Les coups, à votre idée, sont sans doute un remède, et si ce remède n'opère pas, pourquoi vous avilir, en frappant ainsi un être sans défense.

— *J'en ai le droit*, dit le père en intervenant.

Un mois après, en faisant mes excursions nocturnes, je rencontrai la jeune fille qui battait, de sa semelle, le bitume du boulevard Montmartre en attendant des *clients.*

Ah ! misère de Dieu !...

Le droit du père de famille !... Je ne connais pas ça, moi. Ce que je connais, c'est *le devoir du père de famille !* qui est de nourrir, d'entretenir, d'élever, d'armer pour son existence le petit être qu'il a appelé à la vie et qui n'avait pas demandé à naître !... Il a le devoir de lui donner de bons exemples...

Quant à des droits, au sens exact du mot, c'est une bêtise ou une monstruosité.

En plein dix-neuvième siècle !...

Ah ! malheur de malheur !...

C'est une immoralité ! A moins que l'on n'admette que l'idéal de nos sociétés civilisées, fondées sur la justice, n'est autre que l'idéal des sociétés antiques fondées sur la force.

— Y a-t-il un remède ?...

— Oui.

— Protégez l'enfance dès son bas âge, et elle aura de bons exemples en grandissant. Il ne faut plus que nous voyions dans les journaux de ces faits divers navrants sur le vagabondage de l'extrême jeunesse, il faut qu'on fasse, autrement qu'elle n'existe, la police des rues. Le prochain hiver ne doit pas nous montrer des enfants grelottants sous les portes cochères, comme la fillette que je viens de rencontrer tout à l'heure sur le boulevard Voltaire. La lumière du gaz ou de l'électricité ne doit plus éclairer les pâles figures de ces petites marchandes de fleurs, ni le dépravant métier que leurs parents les obligent à faire pour gagner de quinze à vingt sous par jour.

Nous ne voulons plus d'élèves prostituées !!!

Tiens !... mais tout en faisant mes réflexions, me voilà arrivé à la place de la Nation.

Ma hotte est pleine, remontons à Belleville, en traversant Charonne et Ménilmontant.

LE *HALL* DES MISÉRABLES

LES HOTELS BORGNES ET L'INSALUBRITÉ

X

LE *HALL* DES MISÉRABLES

LES HOTELS BORGNES ET L'INSALUBRITÉ

> Je te vois entière, ô Lutèce !...
> M'offrir ton grand panorama
> D'infortunes et de richesse
> Que le monde chez toi sema !...
> Je vais continuer ma course
> A travers ton cœur, cette nuit,
> N'es-tu pas ma seule ressource,
> Lorsque j'entends sonner minuit ?

Vous venez à ma rencontre !... bravo ! cela vous permettra de contempler Paris la nuit, des hauteurs des Buttes-Chaumont.

Voyez au bas de vous, la grande ville débarrassée de la moitié de sa foule, de ses haillons, de ses oripeaux, de sa misère et de son luxe !...

On ne voit plus que ses rues larges, spacieuses, ses maisons opulentes, ses boulevards, ses hôtels, ses monuments, ses palais, ses quais, ses jardins publics et ses places.

La moderne Lutèce, à moitié, si ce n'est aux trois quart endormie, fière et hautaine semble défier dans sa splendeur, sa noblesse et sa richesse, les petitesses et les vices des hommes, les haines des partis et le feu des révolutions.

Mais descendons des hauteurs où nous sommes, pour faire notre trajet habituel à la lueur de mon falot.

Je vous disais à l'instant, que vous aperceviez les rues larges et spacieuses de Paris, n'est-ce pas?... Attendez que nous ayons gagné l'intérieur de la ville, où je dirige mes pas, en ce moment, vous allez y trouver un contraste frappant, c'est-à-dire, qu'à côté des larges dégagements, vous allez y trouver un dédale de ruelles infectes où vous ne pourriez jamais vous retrouver, si je ne vous accompagnais.

Halte au falot!...

Ne faites pas attention à tous ces pauvres diables que vous voyez couchés là pêle-mêle, autour d'un poêle rougi par le feu, sous ce haut toit perdu dans les branches des arbres du boulevard et soutenu par ces hautes colonnes de fonte. Vous êtes au *Hall* de la Chapelle.

Un *Hall*, en plein vent!...

Vous n'avez jamais vu ça?...

Eh bien!... comme vous pouvez en juger, c'est assez curieux à voir.

Malheureusement, cela nous représente la misère noire de Londres que nous n'avons aucunement besoin de copier.

D'ailleurs, ces abris, dont vous voyez un spécimen, sont d'un genre de bienfaisance qui nous a été importé de chez nos voisins d'outre-Manche.

Il faut toujours que nous empruntions tout aux autres.

Vous me demandez qui fait bâtir ces *Halls ?...*

L'Assistance publique.

Qui fournit les poêles et les combustibles qui servent à chauffer les misérables qui se réfugient sous ces espèces de hangars ?...

L'Assistance publique.

— « Diable !... mais cela doit être coû-
« teux !... Cette administration est donc
« bien riche ?...

— « Très riche, par les legs qu'elle
« reçoit à chaque instant; puis, par le
« onze pour cent qu'elle prélève chaque
« soir, sur la recette brute de tous nos
« théâtres, bals et concerts parisiens. »

— « Y en a-t-il beaucoup, d'*abris* de
« cette sorte ?... »

— « Je ne connais que celui-là dans « Paris, et certes, l'Assistance publique « pourrait en faire faire de nombreux, à « l'instar du *Hall* de la Chapelle, lesquels « seraient établis et répartis dans les « quartiers les plus nécessiteux de la « ville ; mais va-t'en voir, s'ils viennent, « Jean !... sans doute, qu'en cette occur- « rence dame charité a autre chose à faire.

— « Mais nos députés..... ceux qui re- « présentent la population parisienne ?...

— « Peuh !... ils s'occupent bien de « cela !.. ce ne sont, pour la plupart, que « des jongleurs en politique qui nous ser- « vent des grands mots et de belles phra- « ses ; ce ne sont que des charlatans en « diplomatie qui, pendant la période élec- « torale, nous promettent, pour se faire « nommer, des alouettes toutes rôties, « avec un Eden comme apothéose. Ils « se font les confrères des arracheurs de « dents, des marchands d'orviétan qui

« battent la grosse caisse pour vendre « de l'onguent qui a la qualité de guérir « tous les maux de la Société. Voyez- « vous, nous en avons assez de leurs « phrases sonores ; car nous avons appris « à nos dépens, que les emplois et l'or « sont pour eux, l'esprit et la renommée, « dont ils font leurs palais, leurs empires « et leurs autels. Leurs programmes ne « sont que de vains problèmes et nous en « sommes suffisamment rassasiés, de ces « rénégats qui se dressent de tous côtés, en « se drapant dans un manteau d'Arlequin « ou sous l'habit de Paillasse, sans honte « d'étaler leurs boniments mensongers.

— « Cependant, il est de leur devoir « de s'occuper de la misère du peuple.

— « C'est juste ; mais apprenez que « nous ne devons compter que sur nous- « mêmes, lorsqu'il s'agit de nous relever « de la détresse où nous pourrions être « tombés soit par des revers de fortune,

« soit par les fâcheuses éventualités de « l'existence.

— « Même à Paris ?... »

— Ah ! misère de Dieu !... A Paris plus qu'ailleurs... parce que la misère, les luttes, les déboires, les souffrances de chaque jour y règnent sur une plus vaste échelle... Sachez-le... Paris est un théâtre, une vaste scène où débute, chaque matin, la kyrielle des comédiens de la vie humaine ; chacun est plus ou moins artiste consommé ou cabotin, depuis l'ouvrier, le bourgeois, jusqu'au financier, ou diplomate.

Un savetier ou un duc,
Chacun fait son petit truc.

L'égoïsme tient les ficelles de quelques-uns pour duper, tromper les naïfs et les imbéciles ; pour faire la chasse au cumul, produisant l'argent qui donne le bien-être et les jouissances. Tous les moyens leur sont bons pour arriver à ce but ;

ils mettent tout en œuvre, pour triompher de ceux qu'ils exploitent...

... C'est malin, n'est-ce pas?... Ah! c'est même très malin, je le sais; mais ce n'est ni loyal, ni honnête et croyez-le, à force d'avoir été éprouvé, le peuple sait apprécier aujourd'hui, à leur juste valeur, tous ces accumulateurs d'emplois, de grades, de hautes fonctions et même d'honneurs!... Mais plus les temps marcheront, plus ils perdront dans l'estime publique.

Ah!... malheur de malheur!...

Tas de caméléons!...

Vive Béranger!... avec son refrain qui faisait la joie de nos pères :

Les gueux, les gueux
Sont des gens heureux;
Ils s'aiment entre eux,
Vivent les gueux!...

Halte au falot!...

Nous voilà précisément dans le quartier Saint-Martin, quartier que je désirerais vous faire visiter.

Deux heures sonnent à Saint-Merry.

La nuit est superbe.

Entrons dans la rue Maubuée, à laquelle je ne donnerai pas cette même qualification.

Ah! quel goût fétide vous prend à la gorge!

Vite mon crochet en main; je ne vais pas tarder sans doute à voir apparaître quelque détritus, quelque tas d'ordures à fouiller.

Halte au falot!...

Quoi!... encore!...

Allons, mon vieux compagnon nocturne éclaire tout çà de droite et de gauche; je crois que l'ouvrage ne va pas manquer.

Vous la connaissez, cette rue placée au centre de la capitale?...

Alors, vous n'ignorez pas que de toutes

celles qui s'agglomèrent dans ce coin populeux de Paris, la rue Maubuée est une des plus mal famées.

Etroite, boueuse, horriblement bâtie, cette rue est de celles où l'industrie se développe avec difficulté et l'ouvrier travailleur, comme le petit fabricant, en font peu de cas.

Les trois quarts des boutiques qui y sont ouvertes, servent de remises aux voitures des marchands des Quatre-Saisons.

Elle est également le refuge des marchands ambulants, des camelots qui, le jour, se répandent dans la ville; des femmes sans nom et sans aveu, créatures avilies du trottoir; des débauchés, des ivrognes, des misérables de toutes sortes qui ont besoin du centre pour manger et qui veulent se tenir à l'écart pour boire. Il n'y a dans cette rue infecte que des cabarets borgnes et des hôtels garnis, aux enseignes burlesques, au bon marché incroyable et à la clientèle mêlée.

A gauche, existe une petite maison basse d'étage, aux fenêtres inégales, à la toiture penchée, à demi effondrée, et cependant habitée.

Un nid sombre que le soleil dans la journée méprise, que la brise nocturne caresse, que les chouettes, les orfraies et les hiboux dédaigneraient et que les hommes recherchent et paient du prix d'un travail rigoureux.

Eclairons donc un peu, pour vous le faire voir, cet établissement, au-dessus de la porte duquel se balance au vent, une enseigne en fer blanc où vous pourrez lire ces mots :

« *Ici, on loge à la nuit.* »

Ah ! misère de Dieu !...

On pénètre dans ce bouge par une porte bâtarde, donnant sur un couloir graisseux.

A quelques pas, sous cette espèce de tunnel, se devine une cage branlante — l'escalier du gîte qui conduit à l'étage supérieur — et à hauteur d'homme, dans la muraille visqueuse, s'ouvre un judas étroit, fermé par un grillage.

Et dire que cette maison puante se qualifie du titre pompeux et ronflant d'*hôtel !*...

Ah! malheur de malheur !... C'est à en faire éternuer la génisse noire du Jardin d'Acclimatation!

Mais aussi, voyez le bon marché!...

Pour quinze centimes, on trouve là un domicile.

On est couché douze ou quinze dans une chambre; les lits se touchent presque, tellement les chambres sont étroites.

Une chandelle, plantée fièrement dans une bouteille qui sert de chandelier, coule avec indépendance et éclaire, tant bien que mal, ce pêle-mêle de clients nocturnes.

Si vous êtes plus riche, si, par fortune, vous possédez dans votre poche trente centimes, c'est-à-dire, le double, vous êtes traité autrement.

Vous avez une chambre plus aristocratique, plus huppée, où vous couchez seul, dans quatre mètres carrés de superficie, avec un lit en sapin et une chaise dépaillée.

Pas un meuble de plus.

Ah! dame!... le luxe coûte cher à Paris pour ceux qui sont pauvres.

Aussi, vous le voyez, l'égalité en toutes choses ici-bas, c'est l'argent, jusque dans le plus misérable des mondes.

Dans ce dortoir hideux de parias, le malheureux qui n'a que quinze centimes pour reposer son corps, pendant une nuit, passe pour un *manant;* il est assimilé à un tas d'autres va-nu-pieds comme lui... Mais si le client a le moyen de doubler la somme, il est regardé comme un *aristocrate*, un gros *financier*... vite, on fait des distinctions ; cet heureux possesseur de trente centimes est flatté, recommandé et couché à part.

Ah ! misère de Dieu !...

Laide humanité, voile-toi donc la face !...

Il faut que vous sachiez aussi, que le propriétaire de cette maison est un petit vieillard à barbe hérissée, à tignasse grisonnante ; un ancien collègue, — mais oui, autrefois, il était chiffonnier ! — Et il joue encore volontiers du crochet avec ses locataires récalcitrants.

Il porte ses clefs passées dans un anneau et attachées autour de ses reins avec une ficelle.

Quand le soir ou la nuit, un client se montre, il ouvre le judas, reçoit les quinze centimes et on entend bientôt ses pas lourds résonner dans la cage qui tremble à sa base.

Un tour de clef est donné... Le nouveau venu a un gîte pour la nuit.

Le lendemain, le judas s'ouvre de nouveau et se referme ensuite.

Au fond de ce bouge est une petite cour étroite, à pavés raboteux, aigus, avec un ruisseau d'eau croupissante au milieu. A droite et à gauche, une muraille noire et chancelante, devant une espèce d'appentis en ruines.

— Comment, dites-vous ?... ça sent mauvais !...

— Il fallait vous attendre, en venant par ici, à ne pas sentir des pastilles du sérail ou des crottes de gazelles ; heureusement que j'ai eu le soin de prendre une bouteille de phénol ; d'ailleurs, je ne sortirai plus désormais, sans avoir ce désinfectant sur moi ; on ne saurait trop prendre de précautions contre les miasmes qui s'exhalent de ces endroits fangeux.

Je me suis dit ce soir, sur le coup de minuit, en quittant la *villa des chiffortons* : Diogène, mon ami, quoique tout à l'heure tes yeux se reposeront peut-être de la vue éternelle des *détritus enjuponnés* que tu rencontres et que, nuitamment, tu remues avec ton crochet, depuis la Bastille jusqu'à la Madeleine, et de Clichy au Panthéon, emporte, néanmoins, ta bouteille de phénol ; c'est plus sage ; on ne sait point ce qui peut arriver sur ton chemin !

Et bien m'en a pris, comme vous le voyez. Là... aspergeons un peu cette ruelle dans tous les sens ; c'est le seul moyen de la désinfecter un peu.

Ah ! ne croyez pas que la rue Maubuée soit l'unique portant les stigmates que je vous dépeins ; il y en a bien d'autres que je peux vous signaler et qui sont situées à deux pas d'ici ; ce sont : les rues Pierre-au-lard, de Venise, Brise-miche, Taille-pain, Quincampoix, etc.

Il est de toute nécessité que la pioche du démolisseur vienne faire des trouées dans ce quartier, pour y faire pénétrer, à la fois, et l'air qui vivifie, et le jour qui éclaire, et le soleil qui réchauffe !...

Dites-moi, édiles parisiens, si j'ai tort d'attirer vos regards sur ces endroits malsains, placés en plein centre de Paris.

Vous me répondrez, sans doute, qu'il y a bien d'autres quartiers qui sont semblables à celui que nous visitons.

Ce n'est que trop vrai, malheureusement ; mais en tout cas, il ne s'en trouve pas un qui soit situé dans le centre de Paris comme celui-ci.

Puis, après tout, vous connaissez cette expression populaire, n'est-ce pas ?...

— *Le mal de l'un ne guérit pas celui de l'autre.*

Parbleu !... je les connais également les autres endroits insalubres, et tout aussi bien que le quartier Saint-Merry, dont je m'occupe cette nuit, ils me sont familiers !...

Tenez!... pas plus tard qu'hier, — vous voyez que je ne remonte pas loin — je me trouvais en tournée à Grenelle, là-bas, derrière l'Ecole militaire, dans ce quartier populeux où les ouvriers viennent en masse s'entasser eux et leurs familles, souvent très nombreuses dans des taudis, dans des réduits absolument infects.

Ah! malheur de malheur!... comment voulez-vous faire autrement, puisque les loyers sont si chers dans l'intérieur de la ville !...

Eh bien, j'ai remarqué que dans la plupart des habitations de ce coin de Paris, les cabinets, les fosses d'aisance, quand il y en a, sont entièrement défectueuses : fosses non étanchées, tonneaux à découvert dans les jardins et dans les cours, ruisseaux de décharge à ciel ouvert, traversant les cours, les couloirs, les allées des maisons; plombs jamais curés, s'ouvrant dans les cuisines et dans les escaliers.

Dans de nombreux petits passages, les résidus ménagers sont jetés sur la voie publique et menés directement au ruisseau de la rue par des caniveaux mal entretenus.

Les égouts sont affreusement construits et insuffisamment nettoyés, et même dans certaines rues et dans divers passages que je pourrais citer au besoin, il n'y en a point, parce que ces rues et ces passages n'appartiennent pas à la ville.

Ah! malheur de malheur!... Malgré moi, je suis obligé de parler d'hygiène; car enfin, avec des infections semblables, comment voulez-vous qu'il n'éclate pas de maladies telles que : fièvres typhoïdes, diarrhées, dysenterie et troubles gastro-intestinaux.

C'est impossible !...

Mais je m'aperçois que je ne fais pas de travail ce soir; je ne remplis pas ma hotte comme de coutume. — Pour moi, c'est l'essentiel — car, en somme, que je traite ou non les questions d'hygiène et d'insalubrité, ma faible voix ne sera pas entendue de nos représentants qui pontifient au Conseil municipal; elle ne sera pas écoutée de ceux que nous avons nommés pour s'occuper de cela. Alors, comme tout ça ne mettrait pas davantage de beurre dans mes épinards... ou du moins, de chiffons dans ma hotte... continuons de remuer les ordures pour y chercher ce qui me rapporte mon pain quotidien.

Venez... suivez-moi... Sortons de cette ruelle, de ce trou noir et malpropre; puis, quand ma hotte sera pleine, nous

nous acheminerons vers les hauteurs de Belleville d'où nous venons ; l'air y est plus sain et plus pur.

Ah ! malheur de malheur !... il faut que je vide entièrement ma bouteille de phénol dans ce cloaque empesté, avant d'en sortir !...

Asperge !... asperge, Diogène !... ceux qui passeront par là, derrière toi, t'en sauront gré !!!

COTERIE

FALSIFICATION ET CHANTAGE

12.

XI

COTERIE

FALSIFICATION ET CHANTAGE

Voyez là-haut à sa fenêtre...
C'est Lisette... elle attend Arthur..
Un billet doux lui fit connaître
Qu'il pouvait venir à coup sûr;
Mais de Lisette, Arthur se joue;
Il folâtre ailleurs, cette nuit,
Et moi, j'ai trouvé dans la boue,
Le billet doux qu'elle écrivit.

En regardant en l'air pour vous montrer la fenêtre de Lisette, je m'aperçois que je me trouve devant celles des bureaux de la rédaction du journal *La Lumière*... Voyez-vous, là, au premier étage de cette maison, en face de nous?...

C'est là que trône et parade le député-journaliste... N'allez pas le confondre avec le journaliste-député ; car ce sont deux hommes bien différents.

Vous le savez tout comme moi, n'est-ce pas ; un homme grand n'est pas toujours un grand homme.

Le député-journaliste est ordinairement un individu qui ne sait pas écrire ; mais comme il est membre du gouvernement, chef de groupe ou de sous-groupe, et qu'il est, de plus, très orgueilleux, et d'une ambition sans bornes ; pour toutes ces raisons, il a pensé que sa véritable vocation l'appelait dans le journalisme. C'est généralement un pauvre diable qui est arrivé à la députation en province, ou bien un viveur de nos salons parisiens, auquel l'indemnité parlementaire ne peut suffire. C'est un personnage avancé, très avancé même, qui rêve d'être ministre, président du budget, président du conseil, voire même président de la République, et, pour aller plus vivement au but cherché, il met deux chevaux à son équipage : *la tribune de la Chambre et le journal.*

Il n'écrit jamais; mais il fait écrire. Ah ! malheur de malheur !... Que voulez-vous ?... C'est ainsi que ça se passe par ces temps de désarroi financier, de gâchis parlementaire, d'ambitions égoïstes, de coteries affamées de pouvoir.

Le député-journaliste, dont la poche est sans fond et l'autorité sans limites, est un homme à poigne. Vous ne trouverez pas dans toute la presse parisienne son semblable pour diriger un journal ou plutôt — si vous le voulez bien — une agence électorale et politique.

Quand il arrive de la Chambre, où il vient de faire un discours abracadabrant sur la *crise industrielle et commerciale du jour,* quand il arrive, dis-je, aux bureaux de rédaction de son journal, tous ses collaborateurs l'admirent et tremblent devant lui... C'est, selon eux, le seul homme de l'avenir... mais d'un avenir que l'on ne voit jamais arriver.

Le programme du député-journaliste est très beau, mais des actes ?...

Va-t'en voir, s'ils viennent, Jean !

Dans son organe, il est le père de sa rédaction, et le journaliste, placé sous ses ordres, qui le louera le mieux, et traduira le plus fidèlement sa pensée dans ses articles quotidiens, est sûr d'entrer un jour à la Chambre ; car, voyez-vous, si le député-journaliste ne fait pas d'articles, il fait des députés qu'il fait asseoir sur les bancs de son groupe, pour en grossir les rangs.

Lorsqu'il a trouvé dans son journal, l'homme qu'il lui fallait, c'est-à-dire le rédacteur qui a su le flatter et l'encenser selon ses désirs, il attend qu'une vacance législative se présente en province, n'importe où, dans la Basse-Garonne ou la

Drôme-Inférieure ; et dès qu'elle se produit, vite, il le met dans une de ses poches, le porte là-bas et le recommande chaleureusement aux électeurs qui s'agenouillent sur l'heure, en criant en chœur : « *Nous le nommerons ; soyez tranquille.* »

Pensez donc !... on ne peut rien refuser à l'homme de l'avenir !...

Eh bien !... tout ce que je viens de vous dire là est exactement la vérité sur le directeur politique du journal « La Lumière » dont vous voyez les fenêtres devant vous.

Mais, me direz-vous, et le journaliste-député, qu'est-ce donc ?...

Ah ! celui-là, c'est autre chose !... c'est le contraire de celui que je viens de vous dépeindre. C'est tout simplement un homme de talent pour écrire ; mais qui ne sait point parler et qui, pour cette raison, en a conclu que sa présence était indispensable au Parlement.

A ce sujet, il m'est venu une idée, en apprenant que le sympathique secrétaire de la Comédie-Française, — n'allez pas croire que je parle encore de la Chambre parce que le mot comédie pourrait parfaitement lui être appliqué — non, je parle de la maison de Molière — avait fondé, rue Saint-Lazare, un théâtre d'application pour former des élèves qui peuvent devenir plus tard de grands artistes pour nos scènes de genres. Je me suis demandé pourquoi on ne créerait point également, pendant les vacances parlementaires, une Chambre d'application pour servir d'apprentissage à la tribune aux députés qui ne parlent jamais.

On placerait, par exemple, sur les premiers bancs qui garniraient ladite salle, des mannequins qui simuleraient les membres du gouvernement ; plus loin, la droite et la gauche seraient figurées par les guignols des Champs-Elysées qui se reposent l'hiver. De cette façon, l'élève-orateur n'aurait ni interruption, ni interpellation à craindre; il pourrait être à son aise, et pour la diction, et pour les gestes que demanderait son discours.

Tenez!... voilà justement le député-journaliste qui sort de ses bureaux.

— Comment!... ce coupé qui attendait là, à sa porte, était pour lui!...

— Mais parfaitement!... Vous croyez donc qu'il se refuse quelque chose?... et, tout à l'heure, enfoncé dans les moelleux coussins de sa voiture, il va rêver doucement... oh! bien doucement... à la misère du peuple et aux thèmes précieux qu'elle peut lui fournir!...

Ah! malheur de malheur!...

Si Proudhon revenait dans ce monde et qu'il passât par là, comme il le traiterait de *farceur!*

Maintenant que ce député est parti, je ne trouve plus rien à remuer dans la boîte à Poubelle... Brou!... je n'ai pas chaud... si j'allais prendre un verre de vin pour me réchauffer, là, de l'autre côté du faubourg ?...

Ah ! malheur de malheur !...

Il m'est impossible d'entrer maintenant chez un marchand de vin quelconque, sans voir s'étaler, au-dessus de son comptoir, la pancarte portant ces mots : « *Les vins au-dessous d'un franc le litre sont additionnés d'eau.* »

Je voudrais connaître l'auteur de cet avis, celui qui, le premier, a eu l'idée de rédiger un pareil avertissement.

Voyons, entre nous, mastroquets de Paris, sans distinction, pourquoi jugez-vous utile de nous dire que vous mettez de l'eau dans votre vin, nous croyez-vous véritablement assez bonasses pour l'avoir ignoré jusqu'à ce jour ?...

Vous nous prendriez, dans ce cas,

pour des imbéciles, tas de falsificateurs que vous êtes !...

Vous ne répondez pas.

Eh bien ! moi Diogène, je vais vous le dire ; vous affichez cette pancarte dans votre boutique, depuis que l'impôt sur les boissons est devenu loi, parce que cela vous permet de mettre encore davantage d'eau dans votre vin et de pouvoir dire au client récalcitrant qui viendrait se plaindre de votre marchandise, avec juste raison : *Ici, nous ne trompons personne, vous n'avez qu'à regarder l'affiche*

Et alors, vous faites marcher la pompe qui se trouve dans la cave... et allez donc la pompe !... et allez donc !...

Il y a aussi un autre cas que je connais et dont je veux également vous parler, pour que vous sachiez bien que je peux discuter la *composition* de votre *camelotte* avec vous !

Ah! misère de Dieu!... Vous allez voir si je ne suis pas dans la vérité!...

Comme le vin à quinze degrés qui n'est pas un vin buvable, ne paie pas plus de droits de consommation que le vin à dix degrés, que faites-vous ?...

De temps en temps, vous achetez, les uns et les autres, des vins alcoolisés chargés de couleur et d'extrait, lesquels peuvent supporter un large mouillage.

Je sais bien que, aiguillonnés par la concurrence, vous cherchez à avoir le plus de bénéfices possibles; mais, alors, misère de Dieu! le consommateur ne boit même plus un vin simplement allongé d'eau, mais un vin préparé et fortement alcoolisé, soit avec des alcools de pommes de terre, venant du pays des Teutons, ou de l'Italie, ou encore, des alcools livrés en fraude dans nos campagnes, et qui n'offrent plus aucune garantie de qualité.

Je n'ignore pas que cette situation fâcheuse est due à nos traités de commerce qui admettent l'entrée en France des vins pesant jusqu'à quinze degrés, au droit de douane de deux francs l'hectolitre et aux droits presque prohibitifs qui frappent le vinage en France.

Enfin, qu'importe, puisque la situation est ainsi ; il faut la prendre telle qu'elle est et ce n'est pas une raison pour nous faire boire de l'eau rougie !...

Ah ! malheur de malheur !...

On ne peut rien remuer, rien voir, sans qu'il y ait quelque chose à redire.

Maintenant que j'ai bu mon verre qui ne m'a pas réchauffé, loin s'en faut, aux tas de la rue !...

Tiens ! voilà Arthur qui entre chez Lisette... il est bien en retard, par exemple... enfin, tout est bien qui finit bien.

Allons !... mon vieux falot, en avant !...

descendons la rue Montmartre, traversons les Halles centrales et le Pont-Neuf, c'est là que nous avons du travail à faire.

Mais Diogène, me direz-vous; vous nous conduisez au quartier Latin tout droit; nous y sommes déjà allés une fois ensemble?...

Oui, je vous y ai menés dans les brasseries, c'est vrai; mais aujourd'hui, il s'agit d'autre chose. Que voulez-vous?... les ordures s'accumulent toujours à la même place.

Vous avez sans doute entendu parler de cette affaire dans la presse parisienne; car elle a fait assez de fracas pour qu'elle ne vous soit pas passée inaperçue.

Et dans le cas où vous ne vous la rappelleriez pas suffisamment, voici en peu de mots cette histoire; car c'est une véritable histoire, qui aura son dénouement en police correctionnelle.

C'est encore, comme presque toujours,

dans ces parages des écoles que le drame se passe.

Une *fille de joie* du quartier en est la peu intéressante héroïne.

Appelons-la Paula, si vous le voulez... ces filles-là, affectionnent les noms qui se terminent en a...

Paula était donc la maîtresse d'un étudiant en pharmacie.

Et si vous le voulez encore, appelons-le Gaston.

Pendant les vacances de l'année dernière, en l'absence de son amant qui était allé dans sa famille, Paula s'installa dans une petite localité, non loin de Sceaux. Là, elle fit la connaissance d'un jeune homme de bonne famille, très riche, nommé X...

Ah ! malheur de malheur !... si ce n'est pas dégoûtant !... Dire que ces ordures se faufilent et se fourrent partout pour contaminer ce qui les touche !

Mais continuons à remuer ce gros tas.

Leurs relations furent de courte durée.

Cependant, après le retour de Gaston, avec lequel, une fois les vacances écoulées, Paula était revenue vivre à Paris, elles se continuèrent à de longs intervalles, lorsque les affaires de X... lui fournissaient le prétexte d'un voyage au quartier Latin.

Les choses en étaient là, il y a trois mois, lorsque, sur l'intention manifestée par Paula d'aller de nouveau passer quelque temps auprès de X... dont l'intention à lui, n'était pas de se lier avec cette fille, ce dernier refusa nettement et voulut rompre toute relation.

Mais cela ne faisait pas l'affaire de la *grue* en question. X... jeune, riche, de caractère bon, généreux, un peu faible même, lui semblait une proie trop belle et trop facile pour la laisser échapper.

Allons, Diogène, mon ami, tape dans le tas!... Remplis ta hotte!

Ah! misère de Dieu!... que tout cela sent mauvais!...

Un jour, Paula arrive chez le jeune homme ; elle vient à lui désespérée ; elle a des dettes ; elle est traquée, et elle l'apitoie.

Bref, elle revint à Paris avec deux mille francs que lui donna X... pour se débarrasser d'elle.

Un mois après, nouvelle visite, nouvelle demande d'argent. Cette fois X... se fâche, commence par refuser, puis cède, sur la promesse que Paula lui fait par écrit, qu'il n'entendrait plus jamais parler d'elle.

C'étaient trois mille francs que lui coûtait cette promesse. En y ajoutant les deux mille précédents, X... pouvait espérer avoir payé assez cher le droit d'être tranquille.

Mais Paula, encouragée par la faiblesse de sa victime, ne devait pas s'arrêter en si beau chemin.

Ah! malheur de malheur!... voyez ce que le vice est capable d'imaginer!...

Un beau matin, elle invente un enfant, écrit à X... qu'il l'a rendue mère et qu'il se doit désormais à elle et à sa petite fille. Sur ce thème, elle brode tout le canevas d'un véritable drame, trouve des larmes, se fait éloquente et, finalement, il lui faut dix mille francs!...

Et comme elle ne reçoit pas de réponse, elle va de nouveau chez M. X... dans la petite localité qu'il habite.

Celui-ci, indigné de la prolongation de cette comédie, la met à la porte.

Alors, se passe une scène inouïe.

Paula sort tout éplorée ; elle parcourt les rues pleurant, sanglotant, racontant à tout venant qu'elle a un enfant dont le père est X... et qu'il le laisse mourir de faim ; elle provoque un scandale épouvantable, sans exemple; elle ameute presque la population.

Seulement, le but était dépassé !...

X... s'est décidé, en présence de la réprobation presque générale que ce scandale lui a si injustement attirée, à porter plainte contre cette *grenouille* enjuponnée, envers laquelle il avait usé de trop de bonté et de trop de ménagement.

Elle a été arrêtée hier par des agents de la sûreté, sur la terrasse des *Echoliers*, au grand émoi de la joyeuse compagnie d'étudiants qui l'entouraient.

Elle a été envoyée au dépôt, de même que le patron d'une brasserie, avec la complicité duquel elle avait machiné cette affaire de chantage.

Ah ! malheur de malheur !... ce n'est pas une arrestation partielle qu'il faudrait dans ce monde interlope, dont le passé et le présent ont besoin d'être épluchés soigneusement ; c'est un coup de filet général, c'est envoyer ensuite, toutes ces ordures-là, peupler les îles désertes des Nouvelles-Hébrides, en leur faisant faire la traversée sur un bateau à soupape que l'on ouvrirait en pleine mer ; ce qui permettrait de s'en débarrasser proprement avant l'arrivée à destination.

Ah ! misère de Dieu !... si personne ne se présentait pour occuper l'emploi qu'exigerait cette entreprise, je me propose, moi, foi de Diogène ! Je remise immédiatement ma hotte, mon crochet et mon falot, tout là-haut, à Belleville et je m'embarque avec gaieté de cœur, parce que je serai heureux de rendre un grand service à l'humanité, en la débarrassant de l'une des plaies sociales qui la ronge à sa base.

L'aventure tentée par Paula, que l'on pourrait croire être un fait isolé, résulte, au contraire, d'un vaste système d'exploitation entrepris par certains patrons de brasseries.

La belle saison venue, le personnel féminin de ces nouvelles maisons de prostitution se disperse par-ci par-là.

On pourrait supposer que ces filles suivent le mouvement d'émigration vers les plages et les stations d'été. C'est une erreur profonde. La plupart d'entre elles font peau neuve et, changeant de rôle et d'allures, elles vont, le plus souvent, accompagnées d'un monsieur bien mis et de bonnes manières, — leur tuteur, leur oncle ou leur père, suivant les circonstances — jouer les ingénues dans les petites villes, à l'affût de l'occasion qui leur permettra de surprendre les bonnes grâces d'un coq de village en situation d'être exploité.

De retour à Paris, l'histoire de Paula se reproduit sur le même canevas, sinon avec les mêmes péripéties.

A distance, les responsabilités sont grossies aux yeux de l'innocente victime.

L'enfant, la nourrice exigeante, la famille outragée sont mis en jeu d'effrayante façon.

De quelque manière que le drame soit machiné dans l'imagination féconde des exploiteurs, le résultat est le même ; le malheureux pris au piège, paie.

Ah! malheur de malheur!... quelle triste humanité, quand on y songe!...

Et si la victime ose mettre en doute la réalité des faits, on lui expédie vite la photographie du *cher petit* qui est *tout son portrait*. Alors, l'infortuné, qui se croit le *papa* paie encore bien mieux ; car ses doutes se changent en certitudes et il est absolument maîtrisé.

Les exploiteurs ont eu soin de répandre autour d'eux le bruit de l'événement ; et si, par aventure, on va aux informations, concierges et voisins parlent avec conviction de l'accident.

J'ai connu une fille de ce genre qui a extorqué dix-huit mille francs de la même manière à un malheureux clerc d'avoué de province qui s'est fait sauter la cervelle, par la suite, ne pouvant remplacer l'emprunt qu'il avait fait à la caisse de son patron.

Ne sont-ce pas là des faits qui réclament impérieusement une enquête pour aboutir au coup de balai général que je demande tous les jours?...

Ah! mon vieux crochet!... tu as déjà fait pas mal de travail en remuant les tas d'ordures qui sillonnent la capitale, depuis que tu m'appartiens; mais je vois avec peine que tu auras encore beaucoup à faire dans le présent et dans l'avenir!... Tu aurais cependant bien mérité d'obtenir ta retraite!...

Le chantage n'est malheureusement

pas une chose nouvelle ; et d'habitude, il naît d'une occasion fortuite.

Mais son organisation basée à l'avance sur un calcul savant de probabilités établies sur cette échelle, est chose aussi nouvelle que monstrueuse.

Allons !... une bonne enquête pour réduire tous ces exploiteurs de prostitution et ces filles de brasserie au moins, à l'impuissance !...

L'opinion publique réclame cela !

Ah ! malheur de malheur !... hé !... là-bas !... hé !... boueur !... approche donc ton tombereau !...

FÊTES DITES DE CHARITÉ

XII

FÊTES DITES DE CHARITÉ

Que de fois en faisant ma ronde,
J'ai vu Marco sortir du bal !
Toutes les étoffes du monde
En faisaient un être idéal !
L'âge a soufflé sur ses conquêtes ;
Mais toutes les nuits que Dieu fait,
Quelques lambeaux de ses toilettes
Pendent encore à mon crochet.

Me voilà ce soir dans ce Paris railleur qui met tant de capiteuse luxure sous les yeux de ceux qui ont faim. Ne suis-je pas habitué à voir toutes ces choses, errant comme un certain juif, quotidiennement.

Néanmoins, je ne puis m'empêcher parfois de philosopher.

Tiens !... on danse donc à l'hôtel Continental, aujourd'hui ?...

Voyons donc de plus près.

C'est, ma foi, vrai ; il y a une fête de nuit donnée dans le monde élégant au profit des *inondés de l'Est*.

Voilà une singulière façon de s'amuser qui prend une extension de plus en plus grande, chaque fois que nous avons quelques victimes à soulager.

Autrefois, un incendie, les tremblements de terre, un vol, la misère étaient des thèmes à conversations graves et recueillies ; aujourd'hui on en constitue autant de prétextes pour organiser une fête.

Un théâtre brûle, une maison s'écroule, le choléra est en province, une inondation arrive, il y a des malheureux dans le besoin, vite, voilà une occasion pour une redoute et y attirer les petites femmes, nos mondaines à la mode.

Jadis, on s'apitoyait sur le sort de ceux qui étaient victimes d'un désastre quelconque, et l'on donnait largement dans les quêtes organisées à domicile.

Maintenant on s'amuse au moindre accident. Les mondains, enfiévrés de plaisir, inventent une nouvelle soirée, dont les bénéfices sont versés, dit-on, entre les mains de ceux qui souffrent.

Va-t'en voir, s'ils viennent, Jean !...

Ah ! malheur de malheur !... vous direz tout ce que vous voudrez ; moi, je ne peux croire cela.

Il faut d'abord déduire les frais de ces fêtes et ces frais sont toujours énormes. Ensuite, le peu qui reste, et ce n'est pas lourd, passe de la main d'un administrateur dans celle d'un organisateur et ainsi, jusque dans celle de celui qui est chargé, par le comité des festins, de remettre les fonds aux intéressés.

Je n'ai jamais fait partie de ces derniers

— j'en remercie Dieu — mais j'ai toujours pensé que tous ces pauvres diables-là ne devaient pas toucher grand'chose chacun, quand les parts se distribuaient.

En attendant, ce but qui paraît humanitaire aux yeux de beaucoup de personnes, permet, malheureusement, l'éclosion d'intrigues nouvelles et facilite, une fois de plus, l'adultère élégant.

Ah ! misère de Dieu !... il était réservé à notre époque de faire de la mort et de l'adversité des autres, une cause de divertissements !

Regardez-moi ces affiches : *Bal ouvert pour cause d'inondation !...*

Ces affiches, ces réclames dans les journaux et sur la voie publique, cet orchestre, ces rafraîchissements pour la nuit; il faut les payer !

Ah ! ça, voyons, tournons donc un peu mon falot du côté de ce monde-là.

C'est bien ça !... voilà l'escorte habituelle et inévitable des jeunes gens frisés au petit fer et archi-intéressants avec leurs camélias à la boutonnière. Des jeunes filles décolletées, parfumées à l'ambre, chaussées très finement et gantées comme des poupées animées, emmenées là par leurs mamans.

Çà favorise diablement l'intrigue et le rendez-vous, il me semble ; n'est-ce pas votre avis ?

Voici venir ensuite tout le clan des vieux-jeunes qui ne manquent jamais à ces sortes de réunions.

Ils sont là dans leur milieu, affectant des dehors austères en arrêtant toute cascade au moindre manifeste. La morale avant tout; ils ne connaissent pas autre chose !... parce que les mères accompagnent leurs filles. Sans cela !... Car au fond, ce sont des bêtes malfaisantes qui déchirent les réputations les mieux connues. Ils tirent des conséquences des faits les plus simples, en appliquant sournoisement un système inquisitorial sur les uns et sur les autres, en soudoyant les valets, en questionnant les gens de service, etc...

Ils ne sont venus que pour cela, d'ailleurs. Il faut qu'ils soient au courant de tout et quand cela ne leur suffit pas, ils inventent des mensonges, ils forgent des histoires ; car avec eux, il faut que tout tourne au potin.

Ce sont de véritables policiers volontaires pour ceux qui les entourent, qui les coudoient ; ils ont l'œil sur leurs moindres actions, pour les commenter ensuite, exaltant les mauvaises et se faisant un strict devoir de cacher les bonnes.

Pour eux, le scandale est passé de mode ; il est entré à tout jamais dans leur existence ; c'est un mets délicat qu'ils savourent au milieu des gémissements affectés qu'ils se donnent, et en levant les yeux au ciel.

Ces vieux-beaux qui papillonnent partout, forment un véritable cénacle qui tient ses assises principalement dans les sortes de soirées comme celle qui nous occupe.

Il faut voir, comme ces vieux décrépits vous déshabillent une femme du regard!

Ah! malheur de malheur!... si j'avais une fille, j'aimerais mieux leur confier mon parapluie!...

Ce serait plus sage et ma fille, aussi!

Ces gens-là défendent ordinairement les principes sacrés de la religion, de la propriété et de la famille; c'est un excellent tremplin sur lequel, on rebondit sans cesse.

Ces vieux-beaux sont de tous les cercles et de toutes les bonnes œuvres; de cette façon, ils sont bien posés dans la haute

14

société; les niais s'y laissent toujours prendre.

Être des bonnes œuvres!... c'est très bien porté pour notre temps.

Dame! voyons! entre nous: le monde, n'est-il pas une mine d'or pour qui sait l'exploiter?

Ah! il faut être malin! car les plus sérieux vous refont.

La considération, voyez-vous? il n'y a que cela aujourd'hui; le monde y tient par-dessus tout. Quant à la morale, peuh!... c'est une vaste balançoire..... c'est le foin de l'intelligence.

Pour moi qui vois ces flétrissures à la clarté de mon falot, je pense que les salons, où se trouvent les gens de cette espèce, sont aussi dangereux pour la femme, que les maquis de la Corse ou les fourrés de la Calabre.

Ah! malheur de malheur!... qu'est-ce que je vois parmi ces gens-là?... Mais je ne me trompe pas !... c'est M. X... le fondateur de l'Œuvre *des Filles séduites*, et membre de plusieurs Œuvres d'orphelines. — Vous voyez bien que je suis dans le vrai en vous dévoilant ce que sont tous ces ramollis qui ont encore des appétits de fauves. — M. X... ! ah ! oui, je le connais, celui-là, misère de Dieu !

Il y a un mois tout au plus, il a eu une histoire de fiacre avec une fillette de l'un de ses Orphelinats... une enfant !... mais on a étouffé l'affaire. On étouffe toujours ces affaires-là avec de l'argent.

C'est drôle, hein !... la société !

Ah ! malheur de malheur !... laissez-moi prendre mon crochet ; çà me donne des démangeaisons dans les mains.

Tiens ! le voilà qui s'avance précisément près de cette fenêtre ; cela me permettra de le regarder plus à mon aise.

Dieu !... quel air solennel !... empesé !

On dirait un ancêtre sérieux descendu de son piédestal.

Là où il faut le voir, c'est lorsqu'il fait de la morale à ses pensionnaires et qu'il tonne contre la dépravation du siècle. Il a une telle onction, une telle gravité dans le geste, que le plus malin y serait pris.

Pouah!... laissons ça de côté!... jetons plutôt la lumière de mon falot dans les endroits les plus éloignés de cette vaste salle avant que le bal ne commence.

Voilà, justement, le groupe des femmes que ces vieux-là sermonnent... elles ont l'air de faire des manières, n'est-ce pas?

Laissez-les faire; vous allez les juger tout à l'heure. Elles vont vous faire voir des déhanchements qui en remontreraient à toutes nos drôlesses de marque.

Tenez!... celle qui a l'air de trôner au milieu d'elles, en faisant voir son signe plus bas que... mais tout Paris le connaît maintenant, son signe, à force de le faire voir.

Et ces autres, là... qui débutent avec le petit cousin traditionnel et continuent par des polissonneries qui feraient rougir les horizontales de nos boulevards ?...

Vous dites que j'exagère?...

Mais pas le moins du monde.

Allez!... croyez-moi, je connais ce monde-là; je l'ai fréquenté dans le temps où j'avais des hauts... maintenant j'ai à peine de bas!...

Ce que c'est tout de même que l'existence!...

Ah! misère de Dieu!... si jamais je revenais à mes grandeurs passées, je sais bien que je me ferais une société nouvelle, basée sur ma vieille expérience des choses d'ici-bas.

Quant aux jeunes filles qui voltigent de droite à gauche, je ne voudrais en parler qu'avec respect; mais j'en ai connues!... je ne dis pas cela pour toutes. J'en ai vu quelques-unes qui, ayant eu, malheureusement, devant les yeux un mauvais exemple, — c'est-à-dire, une mère qui courait l'homme et un papa qui courait la gueuse — commençaient le roman de leur existence par un chapitre d'amourette plus que banal, pour aboutir à de graves choses, avec la complicité de subalternes salariés.

Ah ! malheur de malheur !

Je pourrais vous en compter encore sur cet essaim doré et couvert de satin qui nous apparaît là, sous son vrai jour.

Il y a là-dessous, voyez-vous, toute une sentine de vices élégants, personnifiés par le double courant du plaisir sans réflexion et de la désertion du foyer domestique.

Ah! misère de Dieu ! ces joies factices recèlent bien des drames cachés et bien des plaies secrètes ; il y a des tristesses à peine dissimulées dans ces sourires ; bien des turpitudes, sous ces affectations de bonne tenue !

Cela me fait penser, malgré moi, à cette Mouche d'or, d'un certain écrivain — mouche qui se gave de cadavres, qui absorbe les gaz délétères et mortels des matières organiques; ce qui ne l'empêche pas d'avoir des tons bleuâtres, superbes à l'œil et un corsage d'un bel éclat métallique ; mais cette mouche, qui porte la mort, n'entre pas seulement dans les mansardes, dans les chaumières, n'attaque pas seulement les ouvriers de nos villes et les paysans de nos campagnes, elle pénètre également dans les salons ; elle entre dans les plus riches et les plus somptueux palais. Le corps social, auquel elle s'attaque, subit le contact de sa pourriture et se tord sous l'étreinte de la décomposition.

Tant que l'humanité sera l'humanité, la mouche tuera : c'est son métier.

Tant pis pour ceux qui se trouvent sur son passage et à son contact !... tant pis pour celles qui en accomplissent le rôle !

Ah ! malheur de malheur !... j'aperçois également là-bas, dans un coin, le gros Z... le fameux banquier. Il vient danser aussi pour les inondés... c'est tout naturel !... il a dansé pour tant de choses, dans sa vie !

Que voulez-vous, après tout ? Depuis que les diligences font relâche, les industriels qui faisaient métier d'arrêter ces véhicules, ont passé à un autre genre de distractions.

Ils se sont séparés en deux bandes : les habiles et les incompris.

Les habiles sont ceux qui se font ouvrir tout les portes de la société actuelle, en se faisant agents de change, banquiers, ou en entrant dans la politique.

Enfin, ceux qui se placent au-dessus des gogos éternels.

Les incompris, eux, exercent, à l'instar des saltimbanques des boulevards extérieurs, à coups de grosse caisse, pour débiter, soit leurs marchandises, soit leurs productions.

En somme, c'est toujours la même chose; seulement, les premiers sont admis partout, tandis que les seconds paraissent ridicules.

Voilà, la seule différence qui existe entre eux.

Les habiles ont un extérieur si parfait qui inspire la confiance, que le monde est pour eux, pétri d'indulgence.

Ils envoient des louis à toutes les quêtes pour les pauvres, vont dans toutes les soirées organisées pour les déshérités de la vie, dépensent de l'argent aux yeux de tous ; mais, dans l'ombre, cet argent leur rentre par cent portes dissimulées.

La Bourse n'est-elle pas là ?...

Ce sont les pirates de la Savane financière.

On organise un nouveau krack à coups de dépêches anglaises ou d'articles teutons; alors, à la moindre nouvelle de baisse, les bourgeois imbéciles vident les bas de laine où ils cachent, avec soin, leurs titres, et donnent des ordres de vente.

Ainsi, la farce est jouée.

Ah ! malheur de malheur ! Voilà ce que je ne puis comprendre; c'est cet affolement, cette atroce « venette » de M. Prudhomme ! Les gogos de la Bourse, dont la badauderie semble décidément incurable, suivent l'impulsion de tous ces Panurges de la débâcle et de la ruine, avec docilité et se jettent tête baissée en pleine panique, avec des bêlements d'épouvante.

Pendant ce temps, Panurge se frotte les mains et crie aux naufragés : « Nagez, nagez, dindonneaux », et il empoche les millions.

Voilà le cas de Z...

Si la fortune me donnait un jour ses faveurs — ce que je n'espère pas — je vous avoue que je n'irais pas emboîter le pas à la spéculation et marcher ainsi à la remorque de la ruine.

Mais le Français aime l'emballement. C'est là le mal, dont notre nation ne guérira jamais.

En attendant, les coupables supportent avec la sérénité que donne une conscience malpropre leurs scandaleux bénéfices.

Allez!... dansez, pour les inondés!... Z... et tant d'autres peuvent donner quelques louis jusqu'au nouveau krack.

Combien y en a-t-il, de ces existences mystérieuses, de ces chevaliers du luxe et de l'opulence, de ces rois de la Bourse, dont les pères ne possédaient ni un titre de rente, ni un pouce de terre au soleil!...

Le public qui a la mauvaise habitude de tout juger sur l'apparence et de ne rien approfondir ensuite, se demande avec des airs de mystère quel peut bien être le secret de la fortune de ces gens-là.

Eh bien! Diogène vous le dit : c'est comme cela et, à l'appui de ce que j'avance, je peux fournir des preuves concluantes.

Ah! çà, mais... je me fatigue moi, à rester à cette fenêtre, regardant du dehors.

Voilà précisément le moment de la loterie qui commence.

Ah! malheur de malheur! quels oripeaux et quelles saletés forment tous ces lots.

Si j'entrais avec ma hotte pour mettre tout ça dedans?...

Dame! j'aurais peut-être du succès!...

Mais réflexion faite, on ne me laisserait pas entrer et j'ai mon travail nocturne à faire.

Allons!... en avant mon crochet et mon vieux falot!...

SOCIÉTÉS DE BIENFAISANCE

ET

CLIENTÈLE DE BEUGLANTS

XIII

SOCIÉTÉS DE BIENFAISANCE
ET
CLIENTÈLE DE BEUGLANTS

Jetez les yeux dans leur riche voiture,
Sur ces beautés provoquant mille égards
C'est la Phryné que le vice sature,
C'est Aspasie aux lubriques regards.
Reines du jour, on vous fête, on vous place
Sur les velours d'un merveilleux trépied...
Filles de marbre, arrière, et faites place
A la vertu qui passe et marche à pied.

Oui... qui marche à pied, absolument comme moi toutes les nuits!...

Ah! malheur de malheur!... que d'équipages luxueux défilent par ici!... cependant, les horloges publiques sonnent minuit, et à cette heure-là, habituellement, certains quartiers sont paisibles et tranquilles.

Que je suis donc sot !... je ne m'aperçois pas tout en philosophant que je me trouve dans les Champs-Elysées.

Tiens !... puisque nous sommes dans ces parages, c'est le moment de vous parler de l'Œuvre de l'*Assistance par le travail*, dont le siège est à deux pas, dans la rue du Colysée.

N'allez pas croire que je vais vous y conduire... car vous devez bien penser que l'on ne vous y recevrait pas ainsi la nuit.

Non. Je me contenterai seulement de vous exposer le but de cette institution fraternelle qui est de venir en aide à tous ceux d'entre nous qui manquons de travaux.

J'entends par *entre nous*, tous ceux qui ont des professions ouvrières.

Ceci dit, voici comment opère cette Association qui ne cherche qu'à améliorer le sort de nos semblables.

Admettons, pour un instant, que vous soyez tailleur et moi cordonnier, et que nous manquions d'ouvrage tous les deux à la même époque... cela, sans toutefois, nous connaître.

Or, nous allons nous présenter à l'*Œuvre de l'assistance par le travail* où l'on nous met immédiatement en relations de travaux par la réciprocité de nos professions; c'est-à-dire que vous me faites un pantalon, tandis que je vous fabrique une paire de bottes.

— Mais la matière première?...

La société vous la fournira; elle vous donnera l'étoffe et à moi, le cuir.

De cette façon, vous serez chaussé et moi, je serai habillé.

C'est un échange de travaux.

Il en est de même pour d'autres métiers que je peux vous citer; mais pas pour tous, malheureusement.

Trop peu de professions ont accès dans cette Association que je viens de qualifier de fraternelle ; — nom qui lui appartient certes — mais Association dont le but n'est point pratique et je vais vous le démontrer, sans toutefois chercher à nuire à l'Œuvre; car sa devise est : *Le travail par le travail.*

Autre exemple : Vous êtes chapelier et je suis chemisier; vous me faites un chapeau et je vous rends une chemise ; ce sont là des objets de première utilité; c'est très bien ; mais faut-il encore que ces deux objets se trouvent, autant que possible, en rapport l'un et l'autre au point de vue de la main-d'œuvre ? et il me semble que cela ne doit point arriver souvent.

Vous avez passé plus de temps à faire le chapeau, que moi, la chemise ; or, il y a une différence de gain ?

Parfaitement.

Eh bien, cette différence est répartie dans les gains et pertes de l'Œuvre.

Est-ce juste?... je ne le crois pas.

Mais, me direz-vous, comment l'Association achète-t-elle les marchandises premières pour faire travailler les ouvriers qui se présentent à elle?...

Tout simplement, avec les dons qu'elle reçoit.

Il y a même deux ou trois employés à son siège, qui sont rétribués avec ces mêmes dons.

— Elle en reçoit donc beaucoup?...

— Malheureusement, non; bien qu'elle soit placée dans un bon centre pour cela; mais ceux qui possèdent aujourd'hui, connaissent peu la philanthropie.

Mais, misère de Dieu!... je reviens à ma marotte et je répète que l'Œuvre — puisque Œuvre, il y a — n'est point pratique pour certaines professions qui s'exercent quotidiennement à Paris.

Un troisième exemple: J'admets qu'un charcutier et un pâtissier se trouvent en rapport; l'un ne fera pas des saucisses et l'autre, des brioches qu'ils se donneront réciproquement.

Qu'un maçon et un ébéniste se trouvent dans le même cas : Il faudrait donc que le premier fasse une maison, pour que le second puisse mettre ses meubles dedans !

Enfin, je ne veux pas faire de dures critiques pour ne pas décourager les braves gens qui sont à la tête de l'Œuvre, toutes personnes que je connais pleines de bonne volonté et de foi dans l'avenir.

Mais je tiens à dire que cette institution, semblable en cela, à l'Œuvre de l'*Hospitalité de nuit*, reçoit le plus petit don pécuniaire qu'on puisse lui envoyer.

L'*Hospitalité de nuit* reçoit également des envois en nature, et le plus minime peut faire un heureux.

Faute d'une cravate, un employé à été souvent incapable de trouver une place. En lui donnant cette cravate, l'Œuvre a pu le mettre à même de travailler.

Et puis, ce que l'Œuvre ne peut utiliser pour ses hôtes, elle le troque au Temple contre des objets utiles ; de préférence, des souliers... et les marchandes ont soin de lui réserver pour cet article, les plus beaux échantillons.

Ah ! misère de Dieu !... c'est que l'*Hospitalité de nuit* ne tarit pas en bienfaits !

Comme progrès réalisés l'année dernière, il faut mentionner deux nouveaux secours hygiéniques très nécessaires : le bain de pieds et l'épuration des vêtements.

Un résultat de très grande importance a été, en outre, obtenu par l'Œuvre qui a décidé le Parquet à reconnaître ses asiles, comme constituant un domicile et des moyens d'existence suffisants, dans le cas où des infortunés réellement intéressants sont prévenus de vagabondage.

Cette mesure était nécessaire, urgente, et 459 pensionnaires, par le seul fait de leur séjour aux asiles, ont ainsi évité une condamnation.

Malheureusement, l'Œuvre ne peut procurer des emplois à tous ses hôtes.

Les Compagnies de chemins de fer et certains industriels et commerçants y demandent bien de temps en temps quelques employés, mais pas suffisamment, pour venir en aide au quart des pensionnaires.

Que peuvent faire les autres ?...

Ah ! malheur de malheur !... c'est là qu'est le difficile de la chose !

Quelques-uns réussissent à se placer eux-mêmes, et généralement, c'est pour laver les devantures de boutiques, distribuer des prospectus ou se transformer en *sandwichs* pour porter des réclames.

D'autres préfèrent, suivant leur argot, *polisser les pieds de biche* ou *recueillir des orphelins*.

On pourrait, à la rigueur, deviner que *polisser les pieds de biche* veut dire aller de porte en porte demander du travail ou mendier.

Recueillir les orphelins signifie ramasser des bouts de cigares; et il paraît que c'est encore le meilleur moyen de ne pas mourir de faim, quand on ne trouve rien autre chose à faire.

Parmi les heureux faits par l'Œuvre, citons un malheureux étudiant en médecine qui vint échouer dans un asile, à la veille de passer son doctorat, se trouvant sans ressources, au moment des examens.

L'argent fut trouvé ; tous les frais couverts; la thèse brillamment passée et le docteur X... de la Faculté de Paris est aujourd'hui médecin de la compagnie de l'isthme de Panama, aux appointements de 17,000 francs par an.

Il paraît que des faits pareils ne sont pas rares dans les annales de la Société.

Ah ! malheur de malheur !... voilà ce que j'appelle rendre des services à son prochain !...

Halte au falot !...

Ah ! ça !... qu'est-ce que je vois donc là, se profiler sous les grands arbres des Champs-Elysées ?...

C'est, ma foi, de la prostitution de première classe.

L'échelle des *Margots* a donc ses degrés ?...

Parfaitement.

Allons bon !... allez-vous me dire ; vous voulez, sans doute, encore nous parler de cette lèpre hideuse ; vous nous en avez entretenus assez souvent, pour ne plus nous en causer maintenant.

Tel n'est point mon avis.

Et quoique je ne sois point canotier, je donne des *avis ronds*.

— Mais ça va sentir mauvais et c'est toujours la même chose ?...

Misère de Dieu !... je suis loin de le nier ; mais si vous ne voulez pas que j'emplisse ma hotte des ordures que je trouve, faites alors une révolution dans les mœurs ; changez l'existence des individus que découvre la lumière de mon falot ; balayez tout ça de dessus les boulevards et des fenêtres entre-bâillées sur nos rues ; en un mot, débarrassez-nous de toutes ces impuretés.

Et moi, je m'engage, ce jour-là, à remiser à tout jamais ma vieille hotte et mon crochet dans un coin, et à éteindre mon falot.

N'ayant plus d'ouvrage, je ne travaillerai plus, cela se conçoit ; mais autrement !.. ah ! malheur de malheur !... je redoublerai d'activité; je taperai dans le tas; je fouillerai à droite et à gauche et dame!... tant pis pour vous, si ça sent mauvais!... Que voulez-vous que j'y fasse?...

En somme, peut-on remuer du fumier sans qu'il s'en échappe de mauvaises odeurs?

Tel que vous me voyez, j'ai la prétention de faire un travail absolument moral et il me faut quelquefois bien du courage pour accomplir la tâche que je me suis imposée.

Ah! misère de Dieu!...

Quel labeur!... J'en sue de peine et de honte!...

Ah ça! m'objecterez-vous encore, nous sommes, cependant, en ce moment, dans un quartier aristocratique, où nous ne devrions pas trouver cette espèce de monde?...

Va-t'en voir, s'ils viennent Jean!... Vous ne comptez pas alors sur la clientèle habituelle des cafés-concerts qui sont à peine à cinquante mètres de nous!...

Allez donc observer ça, un soir d'été.

Vous vous offrirez deux genres de spectacles bien différents l'un de l'autre... celui de la scène du concert où chantent, plus ou moins, des artistes et celui du jardin composé de spectateurs et surtout, de... spectatrices qui viennent là, faire leur petit métier nocturne, absolument comme votre serviteur.

Ah! malheur de malheur!... Il faut voir ça de près, comme je le vois moi-même de temps en temps, en vieux noctambule que je suis.

Elles sont là, ces... *spectatrices* qui se donnent en *spectacles*, assises en se pavanant dans les fauteuils du jardin, étalant leurs vices et leurs scrofules, buvant, fumant, se soûlant et bavant ensuite toutes les grossièretés immondes, possibles et imaginables.

Par les propos libidineux qu'elles tiennent, elles feraient rougir un homard qui n'est pas cuit !...

Ah ! misère de Dieu !...

Pouah !... ça m'en fait venir un couplet sur les lèvres :

« Le vice affreux est là, semant la boue
« Qu'il laisse en route, aux fanges des ruisseaux ;
« Cynique, il met du rouge sur sa joue
« Et ne fait bien qu'aux clartés des flambeaux ;
« Car, pour de l'or, sa bouche qui grimace,
« Dans un baiser honteux, avilissant,
« Viendra coller ses deux lèvres de glace
« Sur votre bouche, et boira votre sang... »

Ah! il avait bien raison le poète qui chantait ainsi !...

Et cet autre couplet encore !...

« Toute pudeur est morte chez la femme...
« Mainte fillette, atteignant ses seize ans,
« Des bas métiers, choisit le plus infâme ;
« Dame !... il faut bien marcher avec son temps !

« Car aujourd'hui, la débauche s'étale
« Dans sa calèche. Aux badauds du trottoir,
« Margot paraît *en habit* de vestale ;
« Est-ce une mise ?... Au fait, allez-y voir !... »

Voilà pour celles qui mieux cotées, passent là, en voiture dans la grande avenue.

Je vous le répète, allez voir ça, un certain soir de printemps ou d'été, et vous en verrez du propre.

Ah! malheur de malheur! En voiture, à pied ; il y en a partout, en haut, comme en bas de l'échelle sociale !...

Tenez, précisément ; en voici une qui passe, de ces *retapeuses-là*, que je connais particulièrement pour la rencontrer trop souvent dans les quatre coins de Paris.

Elle a nom *Fanny la rouleuse.*

Elle vit en concubinage avec le frère de son mari, pendant que celui-ci en fait autant avec sa sœur à elle !

Quelle famille!...

Fanny a six amants attitrés en dehors

de celui-là et de son mari et elle fait croire à chacun d'eux qu'il est seul à obtenir ses faveurs.

Six amants, sans compter les rencontres du soir !... résultat : une maladie honteuse qu'elle a communiquée à un brave garçon de ma connaissance.

J'ai justement là, dans ma hotte, une lettre qu'elle lui écrivit et où je lis ces mots :

« Je n'ai jamais aimé que toi; je suis « seule et je ne veux pas d'autre homme. »

Infamie des infamies !...

Elle écrit cela, après avoir juré un amour éternel à celui qui est dans son lit... le troisième de la journée !...

Remarquez que je ne parle pas des vices contre nature, dont ces Messalines modernes sont friandes ; le fait est trop connu, trop commun pour qu'il mérite d'être relaté.

Et ce sont ces ordures-là, que vous

voudriez m'empêcher de fouiller ?... allons donc !...

Ce sont ces êtres dégradés, avilis, qui s'élèvent contre tout ce qu'il y a de pur, qui se rient de tout beau sentiment, qui salissent l'honnêteté, qui jalousent tout ce qui leur est supérieur ; c'est ce monde-là, me dites-vous, qu'il ne faudrait pas que je touche du bout de mon crochet?... vous n'y pensez pas, j'aime à le croire !...

Ah ! misère de Dieu !... quelle honte pour notre temps !...

Si, poussés par la curiosité, vous passez quelque jour par là, n'essayez pas de chercher une perle dans ce fumier, vous ne la trouveriez pas !...

Le tout est de la fange bonne pour l'égout.

Il faudra que je revienne un de ces soirs par ici ; je ferai rougir mon crochet au feu pour marquer ces créatures-là au fer rouge ; puis, là-bas, sous les grandes allées sablées, je mettrai des poteaux avec ces mots sur un écriteau :

« *N'approchez pas !... ça pue !* »

Je les clouerai ensuite, avec mon crochet au pilori de l'infamie...

Ah ! malheur de malheur !...

Tenez, n'en parlons plus, une bonne fois pour toutes et laissez-moi chanter un vieux couplet que j'ai rimaillé dans le temps :

« Quand le travail ne produit que misère,
« A la débauche on fait un piédestal ;
« Le vice amuse, à lui, la bonne chère,
« La vertu souffre... Eh bien !... à l'hôpital !...
« Aussi, combien désertent la mansarde !...
« Dans ce foyer, au sein de cet enfer,
« Où pour cacher la gangrène, on se farde,
« Où les bijoux sont plus lourds que du fer !... »

Tout en chantant, nous voilà au jardin des Tuileries, cela me fait souvenir d'une conversation que j'y ai entendue hier, dans la journée, comme je traversais cette promenade pour aller à la Société du *Prêt gratuit.*

Cela se passait entre une maman et un baby de quatre à cinq ans, le sien, qui prenaient le frais sous les grands marronniers.

— Maman, demandait tout à coup l'enfant, est-ce que toutes les feuilles des arbres sont des feuilles vraies ?...

— Mais oui; faut-il que tu sois bête, Toto, pour m'adresser une semblable question !...

Alors, l'enfant vexé :

— Tu mets bien des cheveux faux, toi !

Ah ! malheur de malheur !... où l'esprit des enfants va-t-il se nicher ?...

Je n'ignore pas — et je le dis sans vouloir être médisant — que cette dame n'est pas la seule qui porte des cheveux faux, non; car sur cent femmes du monde, du demi-monde, voir même du quart de monde, on en compte bien sans exagération, la moitié, dont le chignon n'est pas tout à fait à elles.

Et à propos de chignon, voici encore un dialogue que j'ai entendu s'échanger dernièrement entre deux de nos *horizontales* de marque, sur le boulevard des Capucines, pendant que je fouillais dans *le tas :*

— Comme tu as l'air lugubre ?

— En effet.

— Qu'est-ce qui t'arrive ?...

— Je perds mes cheveux.

— Tu y tenais donc bien ?...

— Tu peux le croire, ils me venaient de ma mère.

Ah ! malheur de malheur !

J'en entends de drôles, allez, quelquefois !...

Enfin, après tout, ça fait marcher le commerce ; il ne faut pas s'en plaindre ; car il n'est pas trop brillant !

Ah ! misère de Dieu !... si le monde

à perruque, aux membres et aux organes artificiels ne portait rien de faux; mais bien le naturel, le vrai qu'il peut posséder, son ensemble ne serait pas contre-balancé par tous ceux qui n'ont aucun besoin d'artifice pour se parer.

Je viens de vous dire que je suis allé hier jusqu'à la porte du *Prêt gratuit*. Il faut que je vous explique quelle est cette société, son action et son but.

Peut-être la connaissez-vous ?...

Non ?

Alors, je puis vous renseigner sur cette nouvelle institution qui rend de réels et d'immenses services aux classes souffrantes.

Son siège est rue Thévenot.

Parmi les membres qui composent son comité, on compte des sénateurs, des députés et des conseillers municipaux.

Permettez-moi ici, de faire une supposition, comme je l'ai déjà fait précédemment pour l'*Œuvre de l'assistance par le travail.*

J'admets que vous soyez ouvrier, soit, bijoutier, tailleur, lapidaire, menuisier ou autre, le métier importe peu à la chose; le principal, c'est que vous ayez un patron qui veuille bien répondre de vous, le jour où vous vous adressez à ladite Société pour lui demander un prêt.

Par exemple, vous demandez cent francs, — vous avez à payer un terme de loyer en retard et votre propriétaire vous menace d'une saisie et d'une expulsion ensuite, ou bien encore, votre femme accouche, etc., on a tant besoin d'argent dans l'existence, surtout, quand on n'est pas heureux!... vous demandez cent francs, dis-je, or, la *Société du prêt gratuit* prend d'abord des renseignements sur votre personne; puis si ces renseignements vous sont favorables, elle envoie un de ses employés chez votre patron qui signe, envers la

Société un engagement, consistant à retenir dix francs par mois, sur vos appointements courants et à venir. Ordinairement, le prix de retenue est fixé entre la Société, l'intéressé et le patron ; mais on ne peut le fixer à moins de dix francs, mensuellement. Ensuite, le *Prêt gratuit* prélève de la même façon cinq pour cent comme intérêt de son argent.

C'est-à-dire que, pour votre complète libération, vous avez cent cinq francs à rembourser.

Eh bien ! franchement, entre nous, j'aime bien mieux cette Œuvre que celle de l'*Assistance par le travail*, parce qu'elle est bien plus pratique à tous les points de vue.

Avec tout ça, je vous entretiens de choses et d'autres, et je ne remplis pas ma hotte ; vous devez comprendre que e fumier que nous avons rencontré là-bas, dans les Champs-Elysées, ne pouvait pas faire mon bonheur !...

Ah ! malheur de malheur !... Est-il assez dégoûtant la nuit, le quartier qui fut cher à M. de Germiny ?...

Pousse donc ton balai !... mais pousse donc, balayeur !... allez !... tout à l'égout !... puisque *les goûts* sont dans la nature, même l'*égout collecteur !!!*

TRIPOT ET ASSOMMOIR

16.

XIV

TRIPOT ET ASSOMMOIR

Dans notre monde nocturne,
Le pilier du cabaret
Et le joueur taciturne
Sont tous les deux au sommet :
L'un boit et l'autre gaspille
L'argent de plus d'un repas,
Sans souci pour la famille
Qui de pain, souvent n'a pas.

Halte au falot !...

Qu'est-ce que je vois là ?...

Mais je ne me trompe pas !... c'est un commissaire de police, accompagné de plusieurs agents de la Sûreté qui entre dans un tripot fréquenté par la haute société.

Ah !... malheur de malheur !...

Il y avait longtemps que je connaissais

cette maison qui ne dit rien à l'extérieur et que je désirais voir ce que je vois en ce moment; c'est-à-dire, une descente de police.

O le monde des joueurs!...

Quoi de plus terrible, de plus triste que l'étude que l'on peut faire sur lui!...

Quelles traces de douleurs, de misères, de ruines et de folies ne laisse-t-il pas après lui?...

Que de bassesses, de hontes et de crimes ne recèle-t-il pas?...

Comment devient-on joueur?...

Ah! misère de Dieu!... le diable seul le sait.

Le jeu a ses procédés pour attirer à lui les victimes, et depuis quatre ou cinq siècles qu'il a jeté ses filets sur notre vieux monde, il ne les a pas encore retirés une seule fois vides.

Nous jouons moins que par le passé,

peut-être ; mais nous jouons encore beaucoup trop.

L'époque actuelle a ses Grammonts, ses Bassompierres, ses Dangeaux, ses Lauzuns, ses Choisys. Ils sont moins brillants qu'autrefois ; ils ont moins de millions ; leurs fredaines font moins de scandale ; mais ils n'en forment pas moins une population nombreuse, dont la vie excentrique, mystérieuse et dramatique mérite d'être étudiée.

Jadis, les hommes seuls se livraient au jeu ; aujourd'hui, les femmes s'en mêlent.

Quelles femmes, me demanderez-vous ?...

Eh parbleu !... celles que chacun de nous appelle des femmes joyeuses. C'est un clan à part.

Au tapis vert, il n'y a plus de sexe, plus d'âge, plus de beauté, plus de galanterie. Tout le monde est joueur au même titre.

Dans cette funeste passion, les hommes

ne sont pas les plus acharnés; ce sont les femmes.

Ah ! misère de Dieu !... c'est là qu'il faut voir leur ardeur !...

Surtout, n'allez pas leur parler d'amour à ces femmes-là... peuh !... l'amour !... ah !... le pauvre petit diable, comme il serait mal reçu par elles !... il n'aurait qu'à remettre rapidement ses flèches à son carquois, si toutefois il avait eu la maligne idée d'en retirer une.

Le monde qui hante les tripots comme celui devant lequel nous sommes, a un peu mes habitudes. Il prend comme moi, la vie au rebours ; se couche le matin et se lève le soir, faisant ainsi, du jour, la nuit et ne connaissant guère la lumière et les ardeurs du soleil.

Ces gens-là forment une phalange nocturne qui se compose d'un bizarre mélange de fils de famille, d'aventuriers de femmes galantes, de commerçants imprudents, d'artistes vicieux, de jeunes égarés, de commis infidèles, d'étrangers surpris de se trouver dans ces milieux, et de bohémiens sans feu ni lieu qui méritent la corde pour les pendre, les trois quarts du temps.

Chez la femme, la passion du jeu revêt des caractères encore plus repoussants que chez l'homme.

Celle-ci, en effet, quelles que soient du reste, son intelligence et son éducation, n'éprouve pas comme l'homme bien élevé, le besoin de sauver sa dignité en se montrant insensible aux chances du sort.

Si elle gagne, elle est folle de joie et se livre à une intempérance de geste et de langage qui en fait un être odieux. Si elle perd, il n'est pas d'imprécations qui ne souillent sa bouche. Sa figure se décompose, ses lèvres pâlissent, ses yeux s'injectent de sang, son front se plisse et se charge, ses mains se crispent.

Ah! malheur de malheur!...

Il faut voir combien ce monde étrange de joueurs compte de types caractérisés?...

Il a ses rôles marqués.

A côté de ces figures pour ainsi dire, immuables et que la police retrouve toujours, partout où elle descend, viennent se grouper d'autres figures qu'on est surpris de rencontrer dans de pareils lieux.

Un certain soir, je pénétrai, plutôt en observateur qu'en client, dans un de ces réduits, et j'y fis la connaissance d'une toute jeune fille, d'une beauté angélique et qui, fraîchement arrivée de la province, jouait avec passion.

Je la questionnai.

Elle me dit qu'elle passait toutes les nuits au tripot; que cette vie lui abîmait les yeux, mais qu'elle ne pouvait pas s'empêcher de jouer. Et comme je m'étonnais, elle ajouta d'une petite voix de fauvette blessée :

— Que voulez-vous; je cherche des émotions. Je me suis dit quand j'ai compris la vie, qu'il me la fallait courte et bonne... Seulement encore vingt ans; je ne demande plus rien ensuite.

La malheureuse !... elle n'avait que dix-huit printemps !...

Je la vois encore, délicate et charmante, comme une petite princesse des *Mille et une nuits*... cherchant des émotions dans le jeu et disant : Courte et bonne !...

Ah ! malheur de malheur !...

J'aurais voulu amener à bien cette brebis égarée. Je lui parlai de sa famille, de l'amour vrai, du bonheur que donne un travail quotidien.

Elle me répondit alors du ton le plus résigné et avec amertume :

— Je ne crois pas à l'amour vrai, parce que mon amant m'a abandonnée ; je ne crois pas à la famille, parce que la mienne m'a chassée et quant au travail, j'ai les yeux trop faibles pour pouvoir me livrer à un labeur quelconque.

En effet, j'appris quelque temps après, qu'elle était aveugle et à l'hôpital.

Ces mots : « Courte et bonne !... Seulement encore vingt ans !... » me reviennent maintenant à l'esprit, en voyant entrer les policiers dans ce tripot, d'où vont sortir tout à l'heure, pêle-mêle avec des hommes, un tas de malheureuses qui en ont peut-être dit autant.

« Courte et bonne !... »

Ah ! misère de Dieu !... Si, du moins, ces mots pouvaient devenir un enseignement pour l'avenir !...

Je n'ose y croire... tant est incarné le vice du jeu chez certains êtres humains. C'est à supposer plutôt que ce mauvais instinct naît avec eux.

— Pourquoi, vous occupez-vous de ce

monde-là, me direz-vous ?... ne savez-vous pas que toute vérité n'est pas bonne à dire ?...

— Je ne l'ignore pas, soyez-en convaincus. Je sais très bien qu'il ne faudrait jamais remuer ce qui sent par trop mauvais ; mais après tout, comme a dit un grand fabuliste : *Chacun son métier, et les vaches seront bien gardées.*

Rien n'est plus vrai.

Je me trouve donc obligé de vous dire avec franchise le bien et le mal que j'aperçois à la lueur de mon falot, et pour dire tout dans l'exacte vérité, j'ai voulu tout voir de près.

Si mes réflexions sont parfois satiriques, ironiques, mordantes ; si je reviens souvent à la charge sur la prostitution, la faute en est à la société moderne, dont je cherche à réprimer et à flétrir les abus.

Quand je cherche la fraternité, l'union,

la charité et le bonheur, il me faut un souvenir !...

Quand je veux peindre la misère, les douleurs, le vice, la débauche, le trouble et le désordre, je n'ai qu'à regarder autour de moi. Tenez !... nous venons de faire à peine cent pas, depuis le tripot où sont entrés les policiers, eh bien, si vous voulez m'écouter, n'allons pas plus loin !... Arrêtons-nous ici et suivez bien la clarté de mon falot.

Qu'est-ce que cela ?...

Ça ?... c'est le cabaret de l'Assommoir ! un établissement vicieux comme il y en a malheureusement de trop dans les quartiers ouvriers de Paris. Cabarets de corrompus où l'on boit des drogues impossibles, du feu liquide, des boissons immondes, des décoctions abominables, des liqueurs abrutissantes !...

Les clients de ces bouges se composent ordinairement d'une société complètement interlope, tels que filous, ivrognes, ouvriers fuyant le travail, de buveurs hébétés et d'aventuriers de bas étage.

Partout le vice et la dégradation.

L'amour... cette émanation pure et sainte de la divinité, règne-t-il dans ce hideux repaire ?...

Y a-t-il là, un cœur, une âme?...

Aimer, c'est être bon !... aimer !... c'est être juste !... Aimer, c'est porter au front cette auréole sacrée qui élève l'âme au-dessus du vulgaire !...

Ce cœur, cette âme que vous cherchez dans ce bouge, les y trouverez-vous ?...

Non, jamais !... car les êtres qui grouillent là dedans ne forment que les dernières couches sociales de l'humanité.

L'amour pur, l'amour du bien, l'amour du beau, peuvent-ils connaître ça, eux qui vivent d'orgies et d'ivrogneries ?...

Emile Zola a décrit l'Assommoir dans un livre qui fut un succès il y a quelques années. Eh bien! dites-moi en regardant l'intérieur de cet endroit infect, si Zola était en dessous de la vérité?

Allez donc leur parler des charmes de la vie régulière à ces hommes abrutis par les alcools!... Ils vous riront au visage de leur rire hébété; car ils ne peuvent vous comprendre.

Ah! si l'on savait dans quelle fange on peut tomber, lorsque la passion alcoolique a mis sur les yeux ce bandeau d'idiotisme qui voile la réalité!...

Prisme effroyable qui vous fait tout confondre : grandeur et bassesse... courage et lâcheté; ingratitude et dévouement!!!

L'ivrognerie, c'est le phylloxera des hommes; c'est un fléau terrible qui dénature les esprits les plus sains, les cœurs les plus droits, les âmes les plus sincères!...

S'ivrogner, c'est rouler dans l'abîme!!

Tenez!... regardez-moi ça!... Voilà le patron de ce moderne *Paul-Niquet* qui commande à ses buveurs échauffés d'aller vider sur le trottoir de la rue, les querelles que le vin a allumées.

Comme ceux-ci ne font pas mine de se presser, lui et ses garçons les poussent rudement par les épaules pour les faire sortir plus vite. Ah! quel tableau!... l'un bourre sa pipe, l'autre allume un bout de cigare ramassé dans le ruisseau. Un dernier vide, à droite et à gauche, quelques verres non achevés.

Ah! ça y est!... voilà maintenant, toute cette hideuse clientèle rejetée dans la rue!...

Allons, allons Diogène, quitte cet endroit où tu ne trouves que de la misère!... Ah! malheur de malheur! Si les autres tas d'ordures ne rapportaient pas davantage, il me faudrait bien vite quitter le crochet, et déposer ma hotte dans un coin, pour m'embaucher chez Potin, comme brosseur de pruneaux, ou aller ramasser le crottin des chevaux de bois aux Champs-Elysées.

Ah! misère de Dieu!... que les temps sont durs!... Où allons-nous?...

L'AFFICHAGE

XV

L'AFFICHAGE

> Puisque vous voulez tout voir,
> Entrons dans cet urinoir ;
> Mais gare aux éclaboussures ;
> Car tout ici n'est qu'ordures.

A Londres, on voit dans les urinoirs une plaquette avec cette inscription : « *Prenez soin de vous rajuster avant de sortir.* » Sans doute, on veut ainsi rafraîchir la mémoire des amateurs de *gin* ou de *porter* qui pourraient commettre quelque incongruité choquante pour les yeux des *ladys*.

A Paris, c'est tout autre chose, les vespasiennes semblent indiquer que toute la population est rongée par les plus abominables maladies. On y lit des pancartes de ce genre qui garnissent, en guise de tapisserie, les kiosques plus ou moins perfectionnés : *Guérison sans mercure de toutes les maladies vénériennes. Cabinet X... Traitement facile à suivre, même en voyage.* Ou bien encore le *Professeur J... Je défie quiconque de guérir aussi radicalement que moi, sans mercure,* toujours et nous passons l'énumération des horreurs qui s'étalent à tous les yeux.

Est-il digne d'une cité qui se respecte, de permettre un affichage aussi immonde? Le Parisien, dès la jeunesse, est ainsi familiarisé avec les tristes résultats de la débauche; étant encore enfant, sa curiosité est éveillée par les inscriptions malsaines.

Ah ! malheur de malheur !...

Quant à l'étranger qui vient à Paris s'amuser, comme on dit, il doit être singulièrement refroidi en pénétrant dans ces petits endroits, et il doit se dire que les plaisirs de notre capitale ne sont pas sans danger, puisque les médecins spéciaux s'affichent jusque dans les urinoirs.

Mais ce ne sont là que les moindres inconvénients de ces exhibitions thérapeutiques. Si encore les médecins qui ne craignent pas de se faire une réclame nauséabonde, même au milieu des vapeurs ammoniacales, étaient des hommes sérieux, mus par le désir d'être utiles à leurs semblables, et de déraciner dans la population parisienne les maladies vénériennes qui l'éprouvent, on pourrait leur permettre à la rigueur, cette triste publicité.

Mais hélas! il n'en est rien. — La plupart de ces médecins d'urinoir, pour ne pas dire tous, sont des ratés de la médecine, qui exploitent tout bonnement la crédulité publique, en empruntant des titres qui ne leur appartiennent pas.

Ils sont toujours *anciens internes des hôpitaux* quand ils ne sont pas *six fois diplômés par les Facultés de France*, où même *professeurs*. D'où vient que les médecins sérieux, et il n'en manque pas, ne revendiquent pas leurs droits et ne peuvent pas poursuivre tous ces chevaliers d'industrie pour usurpation de titre. Il faut à Paris beaucoup de mérite et de labeur pour conquérir le titre d'*interne*, et il est bien triste de voir ce titre distingué, traîné dans la boue, pour ne pas dire autre chose. — Ces professeurs rastaquouères, en s'attribuant des fonctions qu'ils n'ont pas eues, portent un préjudice incontestable aux honorables membres du corps de l'internat des hôpitaux.

Ah! misère de Dieu!...

Si les médecins ne veulent pas se charger de cette opération malpropre, il nous semble que la préfecture de police devrait aire cette besogne. Il n'est pas besoin d'une longue enquête pour établir que l'affichage dans les urinoirs est immoral et ne sert qu'à exploiter la crédulité publique. La brigade des agents des mœurs n'a pas besoin d'entrer en mouvement. Qu'on fasse seulement surveiller les cabinets médicaux qui recrutent leur clientèle par ces procédés que tout le monde réprouve.

L'homme qui ne rougit pas de devoir sa notoriété à ces plaques en faïence, que nous connaissons tous, ne peut être un honnête médecin.

Nous nous sommes laissé conter par un de nos amis qu'un de ces chevaliers d'industrie, nous devrions dire d'urinoir, était, il y a quelques mois, sous les verrous. Il était condamné à la prison pour vente illégale de médicaments.

Quelques mots d'explication sont nécessaires : Un médecin, dans une ville comme Paris, n'a pas le droit de vendre des médicaments. Cette précaution est bonne à prendre pour les fripons; car il arrive que non seulement le médecin fait payer la consultation, mais il a un pharmacien à gages, auquel il envoie ses ordonnances chiffrées, il bénéficie aussi sur les médicaments.

Il va sans dire qu'en faisant sa prescription, il se préoccupe peu de la santé de son client, mais plutôt du profit qu'il pourra réaliser avec ces drogues.

Un de ces médecins, une de ces célébrités de vespasiennes, disons-nous, pris en flagrant délit, a été incarcéré. Mais il paraît que le métier a du bon. Car lorsqu'il se présenta au greffe de la prison, il était vêtu avec la dernière élégance : pince-nez à chaînette d'or, etc., et il était accompagné par une dame aux cheveux jaunes, couverte de brillants.

Cette dame, fort fidèle, du reste, peut-être une des rares clientes satisfaites de ses soins, venait visiter notre prisonnier très exactement.

Elle arrivait en équipage somptueux. Les initiales du médecin sur les harnais, le cocher en culotte de peau; attelage absolument correct, comme en ont les demi-mondaines.

N'est-il pas honteux de voir d'aussi tristes personnages vivre d'une manière pareille.... Ils spéculent sur la terreur qu'inspirent les maladies vénériennes, ils répugnent à tout le monde, mais ils finissent à force d'audace et de malpropreté, par attirer les cerveaux faibles qui croient ainsi trouver la guérison.

En somme ce sont des escrocs, ils extorquent l'argent dans l'espoir d'une guérison souvent chimérique.

Le brave médecin de quartier qui donne ses soins pour deux ou trois francs par visite, ou même gratuitement, qui monte des étages toute la journée n'a pas d'équipage. Il n'a pas de femme aux cheveux jaunis et il se dit avec tous les honnêtes gens, qu'il faut mettre un terme à ce commerce, ou plutôt à ces escroqueries que la préfecture de police ne devrait pas tolérer.

Allons! un coup d'éponge dans nos urinoirs et un bon coup de balai à tous ces gens-là.

C'est nécessaire.

LE VENTRE DE PARIS

XVI

LE VENTRE DE PARIS

Voulez-vous avoir une idée de Paris ? une idée de Paris qui mange, qui boit, qui souffre, qui travaille, qui s'agite en tous sens et meurt ? Veut-on voir la ville immense dans les manifestations de sa vie organique, végétative ?

Attendez un peu. Aux reflets de mon falot qui vont éclairer les statistiques de la préfecture, nous allons savoir tout cela.

Ah ! misère de Dieu ! que de chiffres !... que de chiffres !...

Voyez avec moi pour votre édification; car enfin, il faut bien que vous sachiez ce qu'est le ventre de notre Babylone moderne, avant que nous nous quittions.

Commençons par la superficie des chaussées.

Apprenez que les surfaces pavées en grès d'Yvette continuent à décroître; on leur substitue généralement des pavés plus durs, tels que les arkoses de Saône-et-Loire, les grès quartzites des départements des Côtes-du-Nord, de la Manche, de l'Orne, de la Mayenne et de la Sarthe.

Le granit des Vosges fournit également un excellent pavé « très résistant et peu glissant ».

Ah! malheur de malheur! ce n'est pas trop tôt! Il y a tant de gens qui *glissent* en ce monde et à propos de rien; ils vont être satisfaits.

Il est envoyé avec succès dans les pavages à fondation de béton où il rend de très grands services. Avez-vous vu paver la rue de Maubeuge ?

Les chaussées pavées en pierre ont une surface de 6,285,700 mètres carrés; celles empierrées, 1,563,100; celles asphaltées, 301,700; celles pavées en bois, 128,600; celles en terre, 56,900. Ce dernier chiffre nous dit assez ce que le conseil municipal a à faire dans cette « voie », ou plutôt dans ces voies.

La longueur des rues, avenues, boulevards de Paris n'est pas exprimée, dans l'annuaire, en mètres de longueur mais en mètres carrés, et le nombre de mètres est de 946,506.

Quelle quantité d'eau boit-on à Paris ? Le volume total jeté dans la distribution est de 462,000 mètres cubes par jour.

Pour les chiffres suivants nous prenons une de ces dernières années 1887, et nous voyons que la consommation effective des services privés et industriels a été en moyenne, de 126,100 mètres cubes, et celle du service public de 180,100 mètres, représentant, effectivement, par tête, 100 litres, et 77 litres.

A la suite des chapitres relatif à la consommation de l'eau, nous trouvons des tableaux statistiques sur..... les vidanges. Nous les sautons pour passer..... aux mariages et aux divorces.

Le nombre des mariages s'élève à 20,604. Celui des divorces à 688. Dans ce dernier chiffre, les médecins et les pharmaciens figurent pour 1 ; les artistes pour 6, les officiers d'administration pour 38, les industriels et les commerçants pour 51, les ouvriers et les journaliers pour 33, etc., etc.

Il y a eu 60,636 naissances, et 57,092 décès. La fièvre typhoïde a fait 1,035 victimes, la variole 216, la rougeole 1,255, la scarlatine 416, la coqueluche 568, le croup 1,661, le choléra nostras 15, etc.

Parmi les morts violentes nous relevons : par le poison, 33; par asphyxie, 176 ; par strangulation, 253 ; par submersion, 188; par armes à feu, 166; par instruments tranchants, 14 ; par précipitation d'un lieu élevé (oh ! la colonne de la Bastille), 50; par écrasement, 5, etc.

Allons! mon vieux falot retourne-toi de ce côté.

Eclaire-nous les chapitres « consommations de Paris ».

Le pain tout d'abord.

Le prix de vente moyen des 2 kilogrammes de pain (le pain de quatre livres est pris traditionnellement comme bon d'évaluation) qui, en 1884, avait été, à Paris, de 0 fr. 74 centimes 34 millièmes et, en 1885, était tombé à 0 fr. 70 centimes 26 millièmes s'est légèrement redressé en 1886 et a été de 0 fr. 71 centimes 93 millièmes. Ce dernier chiffre va grandissant encore depuis 1888.

Comme tous les ans, les prix ont été plus élevés pendant l'hiver et notamment pendant le mois de décembre, où les 2 kilogrammes de pain ont valu en moyenne 0 fr. 75 centimes 94 millièmes.

En outre, des différences marquées continuent de se produire dans les divers quartiers de Paris suivant la clientèle desservie par les boulangers; alors que dans les quartiers riches les prix ont atteint 0 fr. 75, dans d'autres quartiers, où la consommation est plus considérable, ils sont parfois descendus à 0 fr. 55.

L'augmentation du prix du pain en 1886 correspond à une égale augmentation du prix des farines, et la taxe officieuse, établie deux fois par mois par la Préfecture de la Seine, a donné pour l'année, une moyenne de 0 fr. 67 centimes par 2 kilos de pain de première qualité, tandis qu'en 1885 le prix moyen ne ressortait qu'à 0 fr. 66 centimes 29 millièmes.

Le nombre des boulangers de Paris, qui était de 1,737 le 31 décembre 1885, atteignait le chiffre de 1,792 au 31 décembre 1888.

Les viandes consommées dans Paris proviennent pour la plus grande partie des abattoirs municipaux et d'apports faits des communes suburbaines.

Certains morceaux spéciaux, tels que les aloyaux, les filets de bœuf, les rognons de mouton, proviennent des départements et de l'étranger.

L'Allemagne envoie depuis quelques années des moutons entiers.

Le nombre total de viande consommée est de 180,658,399 kilos. C'est une augmentation sur l'année précédente de 2,524,292 kilos. Les apports de l'extérieur s'élèvent à 35,288,123 kilos.

L'augmentation de la viande de boucherie et de la viande de cheval est constante depuis cinq ans, ainsi que la diminution de la consommation de viande de porc.

Volaille et gibier figurent pour 24,143,589 kilogrammes. C'est une diminution de 900,559 kilos sur l'année qui précède.

Ah ! misère de Dieu ! tant de consommation de gibier et volaille et je n'en mange jamais !

Des légumes et des fruits ; oui, c'est là plutôt ma nourriture ; mais du gibier, va-t'en voir s'ils viennent, Jean !...

Les fruits et les légumes sont introduits dans Paris par les cultivateurs des environs qui viennent vendre leurs produits sur le carreau des Halles, par les maraîchers qui alimentent les marchés de quartier, surtout les marchés découverts, et enfin par les cultivateurs des départements, de l'Algérie et de l'étranger qui expédient les fruits et les primeurs à des facteurs ou à des commissionnaires.

Le raisin seul assujetti à un droit d'octroi fournit des données certaines.

Les introductions de raisin frais dans Paris sont de 8,900,063 kilos.

Pour les fruits et légumes ordinaires, les apports au carreau des halles représentent la plus grande partie de la consommation de Paris. On ne peut les évaluer que par approximation. En comptant que chaque place du carreau comporte en moyenne 150 kilos de marchandise, on a, en 1886, pour 1,603,863 places occupées, un poids de 240,580,095 kilos.

Les quantités de poisson introduites sont de 24,624,416 kilos. Il faut noter toutefois que la consommation exacte ne correspond pas exactement à ces chiffres; pour l'établir il faudraït déduire le chiffre des poissons réexpédiés de Paris en province. Ces réexpéditions représentent environ 4,25 p. 100 des introductions totales.

Les apports sont en diminution sur les années précédentes, mais ils restent supérieurs à la moyenne des cinq dernières années, et il faut remarquer que les apports de 84 et 85 ont atteint des chiffres tout à fait exceptionnels.

On dévore 8,115,659 kilos d'huîtres dites « de Portugal » et toutes les huîtres à coquilles légères sont expédiées en grandes quantités. L'huître de Portugal tend à rentrer de plus en plus dans la consommation parisienne, en raison de son prix peu élevé.

Les beurres de toutes espèces, margarines, beurrines et autres produits analogues ayant l'apparence du beurre représentent un chiffre de 17,959,820 kilos.

Halte ! au falot !...

Voici les renseignements lugubres.

Le nombre des autopsies faites à la

Morgue s'est élevé à 349, savoir : 169 adultes, 108 nouveau-nés, 53 fœtus, 19 débris humains.

Le nombre des personnes dont l'identité n'a pas été établie est de 597.

On a enterré, avec cérémonie religieuse, 40,107 catholiques, 1,037 protestants, 686 israélites et 71 appartenant à d'autres religions; on a enterré civilement 11,406 personnes. Voilà une moyenne de 21 p. 100 d'enterrements civils.

Les sommes payées aux fabriques et aux consistoires pour les enterrements religieux s'élèvent à 2,353,588 francs. L'église de la Madeleine a touché à elle seule 55,678 francs.

Ah! malheur de malheur! par ces temps qui courent, il fait bon avoir une soutane.

Ah! voici d'autres statistiques *Gaz, lettres et télégrammes*, voyons donc cela pour nous édifier.

La consommation générale du gaz, déduite des recettes, s'est élevée à 270,870,478 mètres cubes. Elle a produit une recette de 73,967,464 francs.

Les quantités de matières premières distillées ont atteint 959,478,406 kilos qui ont produit en gaz 286,927,080 mètres cubes. La longueur totale de la canalisation pour le gaz est de 2,120,627 mètres. Pour l'éclairage public, on en a consommé dans Paris 44,026,712 mètres cubes.

La consommation pour l'éclairage public et privé frappée d'un droit d'octroi de 0 fr. 02 par mètre cube a produit une somme de 5,028,922 francs.

La distribution pneumatique de l'heure est faite sur un réseau de 64 kilomètres; le nombre des abonnés à cette distribution est de 2,521.

Le nombre des abonnés au réseau téléphonique s'élève à 4,678; le nombre des bureaux est de 12; la longueur totale des lignes est de 6,664 kilomètres. Les Parisiens ont envoyé 7,806,844 télégrammes hors de Paris ; ils en ont reçu 7,505,153.

Le nombre des lettres ordinaires affranchies à Paris pour Paris a été de 49,193,591 ; celui des cartes de 11,926,000.

Le montant des mandats payés par les bureaux de Paris s'est élévé à 11,313,934 francs; celui des mandats délivrés par les bureaux de Paris à 13,383,016 francs.

Ah! misère de Dieu!... que d'argent!... que d'argent!... Et dire que je n'ai pas touché un rouge liard de tout cela!...

Ah! malheur de malheur!...

Maintenant, quelques chiffres relatifs aux opérations du tribunal de commerce.

Ils ne sont pas sans intérêt. Jugez plutôt :

Le nombre des affaires restant à juger le 31 décembre 1885 était de 2,169; on en a repris 65, qu'on avait considérées comme abandonnées, et on en a introduit 65,273 nouvelles. Total : 67,507 affaires.

Sur les 67,507 affaires, 38,547 ont été jugées par défaut; 18,226 contradictoirement, 4,208 ont été conciliées, 4,709 ont été retirées.

Voilà des gens bien inspirés ce sont au moins des *chiffortons*.

Il a été déclaré 2,280 faillites; 74 concordats ont été résolus; 77 jugements de clôture pour insuffisance d'actif ont été rapportés.

Ces faillites se répartissent à peu près ainsi : alimentation 975, habillement et toilette 354, luxe 285, métaux 106, ameublement 83, banquiers et agents d'affaires 45, etc., etc. Pas un boucher, pas un boulanger !

Le relevé numérique des électeurs inscrits sur les listes électorales était de 451,449 en 1866.

Le nombre des aliénés admis dans les

asiles de Paris a atteint le chiffre de 3,208.

Arrêtons-nous sur les deux derniers chiffres.

Il n'y a plus d'huile dans mon falot et il pourrait s'éteindre devant les statistiques de Sainte-Anne et de Charenton.

CONCLUSION

Après avoir étudié le monde parisien sur toutes ses faces, sous tous ses aspects et sur tous ses degrés, depuis les bas-fonds, jusqu'aux sommets de ses grandeurs, durant l'espace d'un demi-siècle à la clarté de mon falot, je m'estime heureux de l'avoir connu pour le faire connaître.

— Voulez-vous le voir encore une dernière fois, avant de nous quitter?...

— Oui?... Eh bien!... la chose est facile; nous n'avons qu'à interroger de nouveau toutes les personnes qui passent là, dans ce faubourg populeux :

— Enfant, où vas-tu?...

— Mendier sur la voie publique où mes parents m'envoient parce qu'ils veulent vivre dans l'oisiveté, du produit de mes quêtes.

— Bandit, où vas-tu ?...

— Epier le faible pour le dépouiller de force ou de ruse dans les carrefours de la ville; je vais encore chercher le gain infâme de la prostitution pour subvenir à mes besoins.

— Orgueilleux, où vas-tu ?...

— Chercher à m'élever aux sommets de toutes les grandeurs pour renverser mes égaux qui veulent commander et dominer.

— Vieillard à l'air lubrique, où vas-tu ?...

— A la recherche du fruit défendu. Je cours après des fillettes pour me faire oublier mes rhumatismes... hé... hé...

hé... malgré mon âge... j'aime ce qui est vert !...

— Homme de cœur, où vas-tu ?...

— Créer des asiles pour les misérables de ce monde et des crèches pour des enfants abandonnés ; faire l'aumône à tous ceux qui, déshérités de la vie, ne possèdent, ni un morceau de pain pour se mettre sous les dents, ni un lambeau d'étoffe pour couvrir leurs corps amaigris par les privations.

— Lâche, où vas-tu ?...

— Serrer la main de celui que je trahis tous les jours en lui volant sa femme.

— Jeune fille, où vas-tu ?...

— Ayant eu le mauvais exemple sous les yeux d'un père qui courait la gueuse et d'une mère qui s'offrait le premier mâle venu, j'abandonne le travail pour me prostituer.

— Joueur, où vas-tu ?...

— Perdre le peu d'argent que je possède; jeter ma famille dans la misère par la ruine qui viendra un jour; me donner la mort ensuite, ou me faire enfermer dans la maison des fous de Charenton.

— Ivrogne où vas-tu?...

— Je déteste mon foyer; j'abandonne mon travail, les miens, pour aller m'abrutir dans un cabaret en y consommant tout mon gain.

— Femme coquette, où vas-tu?...

— Je vais dans une maison de proxénétisme pour y chercher l'argent dont j'ai besoin — argent qui seul peut me procurer les toilettes et les bijoux que je convoite, et que mon mari ne peut me payer, n'ayant pas pour cela, des ressources suffisantes.

— Riche du jour, où vas-tu?...

— En soirée, dépenser quelques louis sous le couvert de la charité, pour une bonne œuvre, soi-disant, aux yeux de chacun; mais dans le fond, voir des chairs nues, palpitantes, éprouver des sensations de luxure, obtenir des rendez-vous galants et passer des nuits délicieuses.

— Exploiteur, où vas-tu ?...

— Faire travailler mes semblables avec mes capitaux et quand leurs reins ploieront, que la sueur ne coulera plus de leurs fronts, mettre les gros bénéfices qu'ils m'auront procurés dans mes poches.

— Pauvre honteux, où vas-tu ?...

— Mourir sur un banc du boulevard ou bien au coin de la rue, sur une borne. J'ai porté au Mont-de-Piété, tout ce que j'avais de valeur. J'ai faim et les miens aussi; je n'ai plus le travail qui seul nous faisait vivre et je n'ose tendre la main aux passants.

— Homme-réclame, où vas-tu ?...

— Traîner la défroque dont on m'a affublé, à travers les rues de Paris, moyennant quarante sous par jour. Je ne veux pas mourir de besoin, moi. J'aime mieux me résigner à faire un *paillasse* public, à devenir le pître du jour sur le boulevard.

— Fille soumise, où vas-tu?...

— Vendre mon corps et mes baisers au premier venu à prix d'or, d'argent et quelquefois même de billon, et communiquer des maladies honteuses à l'humanité.

— Prêtre, où vas-tu ?...

— Enseigner la morale; soutenir la foi chancelante et rendre aux sceptiques les croyances qu'ils n'ont plus et sans lesquelles, il n'est plus, hélas !... de consolation ici-bas !...

— Soldat, où vas-tu ?...

— Je vais combattre pour la liberté du monde et pour que tous les peuples ne fassent plus désormais qu'une seule et même nation.

— Jeune auteur dramatique, écrivain de l'avenir, où vas-tu ?...

— Essuyer les déboires qui font des luttes, et les luttes, des privations, pour que l'on joue mes œuvres quand je ne serai plus de ce monde.

Gros financier, où vas-tu ?...

— Mettre l'argent des *gogos* dans mes caisses et inventer un nouveau krack qui ruinera la moitié de mon pays... Peuh! du patriotisme!... l'argent avant tout : c'est le nerf de la vie.

— Tribun populaire, où vas-tu !...

— Prêcher pour les masses la liberté, l'égalité et la fraternité ; mais, entre nous, sachez-le, sitôt descendu de la tribune, je ne pense pas un mot de ce que je viens de dire. Le peuple est si gobeur !... Si ce n'était moi qui l'exploite, ce serait un autre !...

— Ouvrier, où vas-tu ?...

— Travailler pour élever des maisons,

des palais; forger des outils pour l'humanité et des armes pour tuer nos pareils. Lutter sans cesse contre la concurrence étrangère et le prix du salaire; maintenir notre industrie à la première place dans le monde; imaginer, inventer, créer du nouveau avec ce que j'ai actuellement dans les mains : la vapeur, le gaz, l'électricité et l'air comprimé.

— Commerçant, où vas-tu?...

— Vendre ce que l'ouvrier a produit, à petits bénéfices et si ces bénéfices ne couvrent pas mes frais, je serai déclaré en faillite et considéré comme un malhonnête homme, un malheureux, banni de la société moderne.

— Homme du peuple âgé, où vas-tu?...

— A Bicêtre, l'asile de la vieillesse, si l'on veut bien m'y recevoir; ou bien, dans un hôpital quelconque, pour finir mon existence. Je n'ai plus personne pour soutenir mes vieux jours; tous les miens étant morts à la peine, usés par le travail.

— Homme âgé, opulent, où vas-tu ?...

— Comme il ne m'a jamais rien manqué sur cette terre et que, malgré cela, je suis maintenant vieux, impotent et infirme, je vais rejoindre ceux qui me restent pour qu'ils me chérissent et m'entourent jusqu'à la mort.

Ah! misère de Dieu !... Je crois que nous avons vu à peu près tout le monde.

Ceux qui passent encore, ne nous apprendront rien de nouveau, que je sache.

Aussi, maintenant que nos excursions sont terminées, j'éteins mon falot et je vais regagner mes pénates là-haut, sur les hauteurs de Belleville où vous êtes sûr de me trouver chaque fois que vous aurez besoin de moi. Le hasard qui est si grand peut quelquefois nous faire rencontrer la nuit dans Paris; car vous voyez que je le sillonne en tous sens.

Avant de vous quitter, Diogène vous dit ceci : Le monde sera toujours trompeur parce que la fausseté existera toujours. La volupté ne fera jamais que des malheureux et l'ambition, que des misérables.

Sur cent individus qui vous coudoieront quotidiennement, il ne se trouvera qu'un homme de cœur bienfaisant qui vous aidera.

La prostitution existera de même éternellement, parce qu'elle est fille du vice et de la misère et que la misère et le vice se balanceront constamment dans la vie, à côté de l'aisance et de l'honnêteté.

Elle existera encore, parce qu'elle est une branche de commerce lucrative et que, *pour le grand bien de l'humanité*, nos gouvernants présents ou futurs ne voudront jamais, à ce point de vue, la supprimer.

On a beau marcher en triomphe ou mourir ignoré ici-bas, si la terre qui nous porte a été, pour les uns, le champ d'une semence fertile, et pour les autres, aride et improductive, elle devient un jour, à chacun de nous, le tombeau au même titre.

C'est l'égalité pour tous !...

Ah ! malheur de malheur !...

Pourquoi donc l'humanité, s'appelle-t-elle l'humanité ?...

TABLE

ÉVREUX, IMPRIMERIE DE CHARLES HÉRISSEY

A LA MÊME LIBRAIRIE

LES HÉROS OBSCURS, 1 vol. in-18. . . . . 3 fr. 50

Pour paraître prochainement

LITTÉRATURE

LA FOURMILLIÈRE, un vol. in-12 . . . . 3.50

(*Sous presse*)

LES CONTES PIMENTÉS, un vol. in-12 . . . . 3.50
LETTRES D'UN PAYSAN, un vol. in-12 . . . . 3.50
LES EPAVES (poésies), un vol. in-18. . . . . 3 »

THÉATRE

DESAIX, grand drame militaire historique en cinq actes et huit tableaux.
L'ORPHELINE DU GRAND MONDE, drame en cinq actes et six tableaux.
LES VENDÉENS, drame en cinq actes.
LE CRIME DE L'OSERAIE, drame en cinq actes.
L'AFFAIRE DU PONT DE FLANDRE, drame en cinq actes.
LE ROI S'ENNUIE, bouffonnerie musicale en trois actes et neuf tableaux.
LA BOUQUETIÈRE DE MONACO, opérette en trois actes.
LE MARIAGE D'OLYMPE, comédie en trois actes.
UNE FUTURE ÉTOILE, opérette en un acte.
LA PETITE SŒUR, comédie de mœurs en un acte.
LES ENFANTS DE LA FRANCE, pièce militaire en deux tableaux.
LES BLANCHISSEUSES DE LA RUE BEAUBOURG, vaudeville en un acte.
LES CABOTINS, opérette en un acte.
LES ANGOISSES DE BALANDARD, vaudeville en un acte.
LES ODALISQUES DE BOUGIVAL, folie carnavalesque en un acte.
ON LIT DANS LES PETITES-AFFICHES, opérette en un acte.
ON DEMANDE PENDANT L'EXPOSITION, opérette en un acte.

MUSIQUE

REVIENS, MON BIEN-AIMÉ, romance.
LA NOCE A CHOUFLEURI, grande scène comique.
LE PREMIER BAISER DE L'ANNÉE, romance.
L'HYMNE DU CENTENAIRE, hymne.
AU PAS GYMNASTIQUE, chanson typique.
LA VIGNE DE MON GRAND'PÈRE, chanson à boire.
LE CAPORAL LABLAGUE, scène militaire comique.
JE VIENS D'QUITTER EUSTACHE, grande scène comique.
LA VÉNUS PARISIENNE, genre gommeux.
OH! LA LA! chansonnette mime.
LE GUIDE DE L'EXPOSITION, chanson en plusieurs langues.
LE PASSEUR DU PRINTEMPS, romance.
LA SÉRÉNADE DU PRINTEMPS, sérénade.
SÉRÉNADE A UNE INCONNUE, sérénade.
SUR MA NACELLE, barcarolle.
VIENS, MIGNONNE, C'EST DIMANCHE! romance.

ÉVREUX, IMPRIMERIE DE CHARLES HÉRISSEY

www.ingramcontent.com/pod-product-compliance
Ingram Content Group UK Ltd.
Pitfield, Milton Keynes, MK11 3LW, UK
UKHW020305230726
13925UKWH00001B/235